Irmhild Söhl

Tadesse, warum?

HERDER / SPEKTRUM

Band 4005

Das Buch

Nicht irgendwo im fernen Land spielt diese wahre Geschichte, sondern nebenan, unter uns. Ein kleiner Junge mit einem großen, fröhlichen und ernsten Herzen und einer sensiblen, verletzlichen Seele steht im Mittelpunkt dieses Buches. Tadesse aus Äthiopien hat schon viel hinter sich, als er nach Deutschland kommt, zu seinen Adoptiveltern. Fünf Jahre lebte er in einem kleinen schwäbischen Ort, bevor er sich in seinem Kinderzimmer erhängte. „Schwarzerle", „Nigger", „Buschneger", „schwarze Sau", ... Tadesse war nicht nur aggressiven Anfeindungen ausgesetzt, sondern auch Gedankenlosigkeiten, Hänseleien.

„Tadesse, warum?" Dieser Frage stellt sich Irmhild Söhl in immer neuen Annäherungen an das Unfaßliche. Sie hat diesen Jungen in ihre Familie adoptiert. In eine Familie, die ihn mit offenen Armen aufnahm, die wenigstens ein Kinderleben aus dem Elend der Dritten Welt zu retten versuchte. Tadesse, dessen Körper in Afrika zu wenig zum Leben hatte und der in der deutschen Provinz starb, weil seine Seele hier nicht zurechtkam. Es ist seine Geschichte, aber auch unsere. Eine Geschichte voller Leben, tragisch und fröhlich, zärtlich und traurig zugleich. Eine Geschichte über den alltäglichen Zustand unserer Gesellschaft und über das Fremdsein in Deutschland. Aber auch über die Last und die Freuden einer Kindheit, über das Leiden, die Trauer und die Liebe einer Mutter. Ein Buch, das Augen und Herzen zu öffnen vermag.

Die Autorin

Irmhild Söhl, geboren 1943 in Schleswig, Studium der Psychologie, Pädagogik und Kunst, jahrelang tätig in der Jugend- und Heimerziehung, jetzt Hausfrau. Mutter von sechs Kindern. Sie hat, zusammen mit ihrem Mann Frerich, Tadesse 1976 adoptiert. Lebt bei Schwäbisch Hall.

Gunnar Hasselblatt, Professor, Dr. theol., der das Vorwort schrieb, hat lange Jahre in Äthiopien gelebt. Er ist Autor mehrerer Bücher über Afrika.

Irmhild Söhl

Tadesse, warum?

Das kurze Leben eines äthiopischen Kindes in einem deutschen Dorf

Mit einem Vorwort von
Gunnar Hasselblatt

Herder
Freiburg · Basel · Wien

Die Namen einiger Personen
wurden aus persönlichkeitsrechtlichen Gründen geändert.

Originalausgabe

Alle Rechte vorbehalten – Printed in Germany
© Verlag Herder Freiburg im Breisgau 1991
Herstellung: Freiburger Graphische Betriebe 1991
Umschlaggestaltung: Joseph Pölzelbauer
Umschlagmotiv: Foto von Tadesse Söhl, privat
ISBN 3-451-04005-0

Licht Liebe Leben

(Hermann Herder Lietz, Hausspruch am Eingang des Michelbacher Schlosses)

*Ich widme dieses Buch Tadesses Schwester Nunu,
meinem Mann Frerich,
unseren Kindern Tycho, Gunnar, Rona, Gudrun
und Sinje und Dietmar
mit ihren Zwillingen Selina und Manuel,
die geboren wurden, als dieses Buch entstand,
und meinen Eltern.*

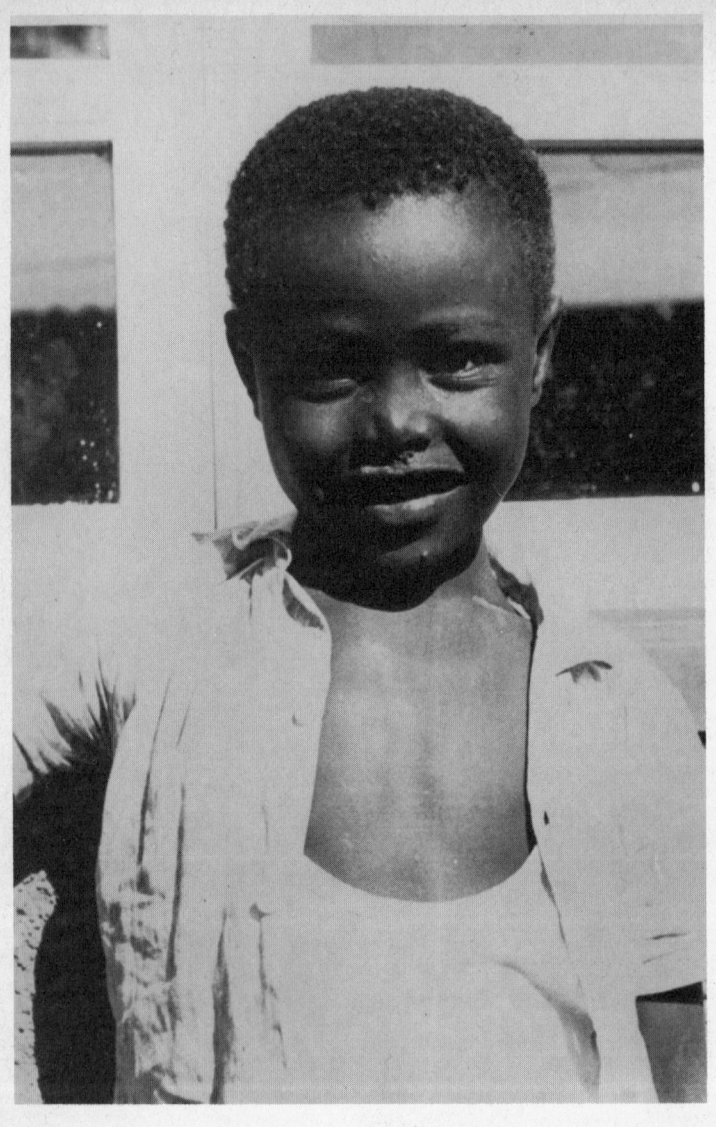

Tadesse, ein Bild aus seiner Zeit in Addis Abeba

Inhalt

In memoriam Tadesse Bezabeh-Söhl
1969 – 26. 9. 1981

Vorwort von Gunnar Hasselblatt

Geboren ist er irgendwo in der Provinz Wollo, im Nordosten des äthiopischen Vielvölkerstaates. Aus dem Leben schied er in der Provinz Württemberg. Was seine eigentliche Muttersprache war, ist nicht bekannt, wahrscheinlich war es Amharisch. Da Tadesse aber sehr sprachbegabt war und, verglichen mit dem Durchschnittsdeutschen, doppelt oder dreifach frühreif, kann man schon annehmen, daß er als kleines Kind auch Oromo gesprochen oder doch verstanden hat, das in der Wolloprovinz weit verbreitet ist, und auch etwas Arabisch, falls er in einem Dorf oder in einer Stadt aufwuchs, in der auch arabische Händler ansässig waren. Mit seiner Mutter Bezabeh und den Geschwistern hat er aber offensichtlich Amharisch gesprochen – sein Vater jedoch wird sicher auch etwas Oromo und Arabisch verstanden haben.

Eine seiner frühesten Erinnerungen, von denen Tadesse sprach, war die Ermordung seines Vaters. Eines Morgens, sehr früh – es muß im Jahre 1974 gewesen sein –, wurde der Vater aus der Hütte gerufen von der Polizei, und Tadesse hörte draußen Schüsse. Es war der Beginn der Revolution. Es war der Anfang einer Reihe unzähliger Morde, zahlloser politischer Hinrichtungen mit oder ohne Verurteilung durch ein Komitee oder ein Ad-hoc-Partei- oder Milizgericht – der Anfang einer endlosen Reihe, die bis heute nicht beendet ist; Tadesse hat sehr viel von dieser offiziellen Mordserie mitbekommen. Jene Deutschen, vom Deutschen Entwicklungsdienst (DED) und von „Terre des hommes", die mit Tadesse in Addis Abeba zuerst in Berührung kamen, werden, als Neulinge im Lande, kaum all die gezielten Fragen haben stellen können, um die Gründe oder Hintergründe der Ermordung von Tadesses Vater zu erfahren: War er ein reicher Landbesitzer oder Händler, gegen die sich der Zorn der Revolutionäre richtete, oder hat er mit den Eritreern sympathisiert? Ist er Opfer der Spannungen geworden, die seit Jahrzehnten in Wollo zwischen den Völkern der Oromo, Amhara und Afar aus der Danakil-Wüste bestehen? War die Erschießung ein Akt privater Rache oder schlicht ein Mißverständnis? Wir wissen es nicht. Die Mutter von Tadesse, die Witwe, die heute in Addis Abeba lebt, weiß es vielleicht. Sie wird es ihren kleinen Kindern aber kaum erzählt haben.

Die andere frühe Kindheitserinnerung, die Tadesse seinen späteren deutschen Eltern erzählt hat, war das Wäschewaschen der Frauen an einem fließenden Wasser. Wieder müssen wir rätseln: War es der große Mille, der Regen- und Quellwasser aus dem Hochland, besät mit orthodoxen Klöstern, durch das Hügelland, von amharisierten und islamisierten Oromo bewohnt, in die vom Nomadenvolk der Afar beherrschte Danakil-Wüste, die ans Rote Meer grenzt, bringt? Der mal schäumend und wild Baumstämme aus den Bergen mit sich führt und dann, in der Trockenzeit, als ein ruhiger kleiner Fluß fließt, fast nur ein Rinnsal im unendlich breiten Flußtal – aber immer voller Fische und immer umschwärmt von einer Unzahl der verschiedenartigsten Vögel, vom kleinen Kingfischer, der ins Wasser taucht und dort die Beute holt, bis zum Storch. Und nicht sehr weit entfernt, in der Wüste, ist der Vogel Strauß zu Hause. Tadesse Bezabehs Welt. Unendlich ereignisreich. Die Frauen waschen. Eine ganze Reihe von Frauen hockt am Ufer, hat sich große glatte Steine ausgesucht, um die Wäsche zu walken und zu schlagen. Eine Idylle für den vorbeirasenden Autofahrer – es gibt nur die eine große Hauptstraße von Nord nach Süd und die Straße nach Assab, am Roten Meer – und sicher, in guten, friedlichen Zeiten, ist das alles auch ein Ort fröhlicher Unterhaltung für die arbeitenden Frauen; manche sind fast noch Kinder. Aber in unruhigen Kriegs- und Revolutions- und Hungerzeiten ist dieses primitive Wäschewaschen eine zusätzliche, kaum zu leistende Anstrengung und Qual. Die Kräfte des Körpers versagen. Die Kinder, die sonst im Wasser oder im Schilf oder am Ufer toben und tollen, sind quengelig, sie sind hungrig, denn weder haben die Mütter Brot für die Größeren noch Milch in der Brust für die Säuglinge. Tadesses wachen Augen entging nicht – das mag 1973 bei der großen Hungersnot in Wollo gewesen sein –, daß eine Frau beim Wäschewaschen ein kleines Kind in ein Bündel wickelte und dem schnell fließenden Wasser anvertraute ...

Danach die lange Wanderung, zu Fuß, nach Addis Abeba – je nachdem wo die Familie in Wollo zu Hause war, sind es dreihundert bis fünfhundert Kilometer gewesen. Die Witwe ließ zwei oder drei Söhne zurück und floh mit den kleinen Kindern, Tadesse und seiner jüngeren Schwester Nunu. Wochen muß diese Wanderung gedauert haben. Ich bin diese Strecke des öfteren mit dem Auto oder mit dem Bus gefahren und kenne die Dörfer und Städte, durch die die Schotterstraße führt, die weite fruchtbare Ebene vor Karakore, die dem Kronprinzen gehörte, den Markt bei Robi, bei dem die Oromo und Afar ihre Waren tauschten – die Afar, durchaus als räuberisch gefürchtet; dann kommen die Serpentinen bei Debre Sina hinauf ins kalte Hochland, und dann sind es noch einige Tage durch Debre Berhan bis Addis Abeba – wer weiß, wie schnell die Kinderfüße laufen konnten; wer weiß, wie lange das Betteln und Erholen in den Dörfern dauerte. Bezabeh, die sicher noch junge Witwe, wollte nach Addis Abeba in die bunte, völkervermischende Hauptstadt des Imperiums, so müssen wir vermuten, weil sie hier eher Unterhalt und Schutz zu finden erwartete als auf dem flachen Lande, eher eine Arbeitsmöglichkeit oder sonst einen Verdienst und Nahrung für ihre beiden kleinen Kinder zu erlangen hoffte als in der von Dürre und Hunger heimgesuchten Provinz Wollo.

War für Tadesse, nun fünf oder sechs Jahre alt, die lange, mühsame Fußreise, bei der ihm Aufgaben zufielen wie das Aufpassen auf die Schwester und die Quartiersuche, das Einschleichen und Einschmeicheln in andere Menschengruppen und Häuser und Höfe, um für die erschöpfte Mutter und sich und die Schwester ein Lager zu finden, ein gewaltiges Abenteuer, eine Schule des Lebens, eine unermeßliche Horizonterweiterung, so hat die quirlige Metropole ihn vollends überwältigt, hier fand er das seinem Temperament angemessene Element.

Eine Million Einwohner. Wenige Hochbauten. Die Mehrzahl einstöckige Lehmhäuser. Ursprünglich, zur Gründungszeit um die Jahrhundertwende, vom Völkereroberer Menelik dem Zweiten nach Quartieren geordnet: hier das Heeresaufgebot aus Gamu Gofa, dort die Häuser der Oromo aus Bali oder Arssi, da die Gurage, die Kambatta, die Delegation der Anuak vom Barofluß und die der Khojale vom Blauen Nil, wo er den Sudan erreicht. Ferner die Quartiere der Eritreer und Tigre, aber eher im Zentrum der Stadt und in festen Häusern, weil sie mit der amharischen Erobererkaste kooperierten und wichtige Generale und Administratoren stellten. In moderner Zeit dann die Steinvillen der Europäer: die Diplomaten, Entwicklungsexperten, Missionen und Kirchen. Und die islamische Welt der Moscheen, der arabischen Buchläden und der Pilgersammlungshöfe ... Gekrönt wird dieses bunte und doch so graue, weil vielfach von Armut und Elend geprägte Leben der Metropole Addis Abeba vom Merkato, dem riesigen, nun wirklich sehr farbenfrohen Handelsplatz. Nach großen Karrees geordnet, werden auf einer riesigen Fläche im Nordwesten der Stadt alle Güter der Welt angeboten: Salzbarren aus der Danakil-Wüste, Butter aus Wollega, Wolle aus Wollo und Gamu Gofa, Kaffee aus Kaffa, Sidama, Illubabor und Wollega, Radios aus Japan, die Bücher der Kirche und der Moschee und aus der modernen Welt, Stoffe aus Indien – alles, alles kann man hier kaufen, sofern man Geld hat: Getreide, Brot, Zucker, Seife, Geschirr. Für die Touristen und die Diplomaten gibt es geknüpfte und gewebte Teppiche, Kirchenkreuze jeder Art, bemalte Straußeneier, Schmuck der vielen einheimischen Völker: Elfenbeinringe, Kupfergehänge für Ohr und Nase, langzinkige Horn- oder Holzkämme für das widerspenstige afrikanische Kraushaar. Wer Geld hat, kann alles kaufen. Schon das Schauen ist ein Vergnügen. Das Herumstromern von Kindern gehört dazu. Sie sehen alles: herabrieselnde Getreidekörner, ein beiseite gelegtes Stück Stoff, achtlose dumme Touristen, die nicht auf ihr Geld oder ihre Einkäufe aufpassen. Sie hören alle Sprachen: Gurage, Arabisch, Oromo, Amharisch und lernen sehr schnell genügend Englisch, Italienisch oder Deutsch, um sich als listige Fremdenführer im Marktlabyrinth anzudienen. Sie sind so klein, daß ihnen keiner etwas Böses zutraut, und so flink, daß kaum einer sie erwischt, sollten sie mal ertappt werden bei einem kleinen oder größeren Diebstahl. Fröhliche und gefährliche Banditen, wie sie es heute in vielen Großstädten der Welt gibt, besonders in Afrika und Asien und Lateinamerika, und wie sie in Revolutionszeiten entstehen, wenn die Eltern erschossen werden oder in Gefängnissen verschwinden und im Land und besonders in den Städten ein gewisses Maß von Anarchie herrscht. Zu Beginn der Revolution in der Sowjetunion union hießen diese völlig elternlosen Bandenkinder Besprosonye ...

Tadesse Bezabeh ist bald Bandenchef. Die „Ratte vom Merkato" ist sein Name. Die Bande ist überall und nirgends. Was Tadesse erlebt, was er sieht oder unternimmt, hat er sicherlich nicht alles der Mutter oder später den deutschen Eltern und Geschwistern in Württemberg erzählt, wohl die harmlose und heute exotisch und in seiner Hilflosigkeit rührend wirkende Fahrt des münzenwerfenden Kaisers Haile Selassie durch die Gassen des Merkato und die angrenzenden Straßen; der Despot muß im Sommer 1974, als er sich in einem seiner offenen Rolls-Royce mit einem Sack voller Kleingeld durch die Armenviertel fahren ließ, ernsthaft gemeint haben, durch diese Geste das murrende Volk beruhigen und die Revolution aufhalten zu können! Natürlich versuchten Tadesse und seine Freunde möglichst viel von diesem Geldregen aufzusammeln oder aufzufangen, und diese Beute wird er stolz der Mutter gezeigt haben. Diese Erinnerung des kleinen Tadesse, als sie mir, lange nach seinem Tode, von seinen Eltern in Württemberg erzählt wurde, war mir als Orientierungsdatum willkommen: Im Juli 1974, als ihm schon immer mehr Macht und Bewegungsfreiheit, aber noch nicht alle seine Autos genommen waren, unternahm der Kaiser zum letztenmal eine solche Ausfahrt zu seinem Volk. Wir Ausländer in Addis Abeba wunderten uns damals sehr über diesen kindischen Versuch, die Not zu lindern oder die Macht zu retten. Da Tadesse das damals erlebt und gesehen hat, muß die Mutter nach der Ermordung des Vaters sehr eilig, ja fluchtartig, die Heimat und die ältesten Söhne in der Wolloprovinz verlassen haben, denn willkürliche Erschießungen kamen am Anfang der Revolution (Februar 1974) noch gar nicht häufig vor – jedenfalls hörten wir in Addis Abeba nichts davon. Wie gerne würde ich mit Frau Bezabeh reden und das Schicksal der Familie genauer kennenlernen.

Frau Bezabeh hatte bald ein Unterkommen in Addis Abeba gefunden. Sie fand auch Arbeit als Köchin oder Fladenbrotbäckerin bei den Reichen. Sie bekam auch ein Kind, d. h., ihre Tochter namens Kamismis wurde geboren. Tadesse und Nunu, seine Schwester, hatten bald Kontakt zu einer Kindertagesstätte des DED.

Die Geschichte Tadesses verbindet sich bald mit der Geschichte der Familie Söhl. Die Eltern versuchten ihren fünf Kindern ein naturverbundenes Heim zu schaffen. Auf großem Grundstück tummeln sich Hunde, Ponies, Pfauen, Hühner. Ein altes Holzhaus wurde in mühevoller, liebevoller Eigenarbeit zu einem gemütlichen Heim für die große Familie und die immer zahlreichen Freunde der Kinder geschaffen. Alternatives Denken und Leben mögen die Nachbarn im kleinen Ort dieser Familie attestiert haben, als die Eltern Söhl das völlig verwahrloste grüne Anwesen pachteten und es in Ordnung zu bringen begannen. Den Kindern aus der Nachbarschaft aber wurden der schöne, weite Garten und die Tiere und die Geschwister bald ein gern aufgesuchtes Ziel. Mit sehr viel bürokratischem Aufwand gelang es, Tadesse im Mai 1976 zu adoptieren. Söhls wollten, wie so viele, wenigstens einem Kinde aus der Dritten Welt helfen, wenn schon die Gesamtlage so grenzenlos hoffnungslos ist, weit jenseits aller erfolgversprechenden Hilfsmöglichkeiten der Gutwilligen. Bei der Begrüßung am Flughafen Frankfurt schmeichelte der kleine Tadesse sich so freundlich und geschickt bei seinen neuen Eltern ein und zeigte schon nach wenigen Minuten stolz und verschmitzt dem neuen Vater dessen Armbanduhr, die er ihm unbemerkt vom Handgelenk gezaubert hatte; Merkato-Fertigkeit? Im August schon sprach er fehlerfrei Deutsch und wurde eingeschult. Die nun noch folgenden fünf Jahre im Leben dieses schönen, gesunden Jungen – zwar kenne ich nur einige Farbfotos von ihm, die die Eltern mir zeigten, als ich sie auf ihren bewegenden Leserbrief in der „Zeit" (12. 5. 89) hin besuchte, aber ich erkenne ihn auf diesen Bildern sozusagen als ein markantes Exemplar jenes vitalen, früh sehr bewußt lebenden (immer umsichtig, wenn auch gelegentlich wild, wie Kinder sein sollen) agierenden Typs, wie ich ihm in Äthiopien und anderen afrikanischen Ländern begegnet bin –, die nun folgenden letzten fünf Lebensjahre Tadesses wollen wir, soweit es geht, aus seiner eigenen Perspektive zu sehen versuchen, mit seinen hurtigen und fröhlichen, aber gelegentlich vom Unbegreifen geweiteten oder von für sein Alter zu vielem Wissen melancholisch dreinblickenden Kinderaugen.

Ich bin ~~Tadesse~~ aus Äthiopien
10 Jahre alt und seit 4 Jahren
in eine deutsche Familie adoptiert
Ich weiß noch von viel Polizei
in Äthiopien. Daß immer auf
den Straßen geschossen wurde
und daß wir alle Angst hatten

Und wenn Ihr die Asylanten jetzt
hier nicht behalten wollt haben sie
diese ~~Angst~~ Angst noch lange in
sich drin. Und wenn Ihr die nicht
haben wollt, fühlen sie sich zu
niemand hingezogen und das ist
schlimm!
Wenn einer von einem Land ins
andere flüchtet und zu beiden Seiten
nichtmehr gehört dann kann er nicht
mehr Leben.
Das ist so eine kleine Vorahnung wie
bei den Juden.
Darum sollen wir eigentlich da sein
um zu helfen.

Tadesse Söhl~~er~~ Michelbach / Bilz.

Leserbrief Tadesses, der nach seinem Tod erschien (DIE ZEIT, Nr. 20,
12. Mai 1989)

Ich beginne mit seinem Tod.

Schon wochen- und monatelang sitze ich immer wieder vor einem leeren Blatt Papier und bringe es nicht fertig, auch nur einen Satz zu schreiben.

Und ich möchte doch unbedingt die Botschaft von Tadesses kurzem Erdenleben hier erzählen.

Er starb am 26. 9. 1981 – an unserem Hochzeitstag. Wir waren morgens nach Heilbronn gefahren. Mein Mann mußte ins Büro, und ich wollte einkaufen. Unterwegs, in den Löwensteiner Bergen, glitzerte riesengroß, unübersehbar, ein Hakenkreuz über einen ganzen Weinberg gespannt mit einem Glimmerband, wie man es sonst nur zur Abschreckung von Vögeln benutzt.

Uns stockte der Atem. Am nächsten Tag sollte in Schwäbisch Hall am Bahnhof Hessental ein Mahnmal eingeweiht werden. Dort war früher ein KZ – jetzt ein Schrottplatz. Tadesse wollte mit uns dabeisein. Sicher würden auch einige Juden an dieser Feier teilnehmen, die vielleicht im KZ waren.

Wenn sie auf ihrem Weg nach Schwäbisch Hall das sähen ...!

Das Hakenkreuz muß weg. Mittags auf dem Rückweg würden wir eine Anzeige machen.

In Heilbronn kaufte ich Tadesse das rote Hemd, das er nie tragen würde; und an einem afrikanischen Stand einen Kupferanhänger in Kreuzform mit Lederband. Er wird sich freuen, etwas aus Afrika zu bekommen! Ein Heiliger ist darauf abgebildet. Nie zuvor hatte ich etwas Ähnliches gekauft. Jahre später fragte ich an demselben Stand, was das für ein Heiliger wäre auf diesem Anhänger. Es sei Benedikt. Ich sprach mit Freunden über diese Begebenheit, und jemand meinte: „Der heilige Benedikt wird Tadesse im Tod geleitet haben – deshalb hast du ihm den gekauft."

Vielleicht war es so.

Mir kaufte ich an diesem Tag eine sehr bunte Häkelmütze in Regenbogenfarben. Als ich sie am nächsten Tag aus meiner Tasche nahm, dachte ich, nie würde ich wieder Farben sehen können.

Heute weiß ich, das stimmt nicht. Im Gegenteil, ich erlebe Farben noch intensiver. Und nicht nur Farben, sondern das Leben selbst ...

Vergeblich suchten wir mittags auf dem Rückweg in Löwenstein nach einem zuständigen Menschen für eine Anzeige wegen des Hakenkreuzes. Es war Samstag. Kein Polizeiposten. Das Rathaus dicht. Man schickte uns noch von Pontius zu Pilatus. Umsonst. Niemand interessierte sich wirklich für dieses Hakenkreuz in den Weinbergen.

Vielleicht hätte uns das alles weniger berührt, wenn wir mehr gewußt hätten von der „braunen Epoche" gerade dieser Umgebung. Erst kürzlich haben wir in einem Vortrag des Haller Kreisarchivars Näheres gehört: Jene sog. Machtergreifung am 30. Januar 1933 – in Wirklichkeit ja eine Machtübertragung durch reaktionäre Führungsschichten – hat gerade in Hohenlohe eine bemerkenswerte Vorgeschichte.

Im Gebiet des heutigen Landkreises Schwäbisch Hall, aber auch in den Nachbarbezirken war der bereits vor dem Ersten Weltkrieg als Bauernbund (BdL) hervorgetretene spätere Württembergische Bauern- und Weingärtnerbund während der „Normaljahre" der Weimarer Republik zur stärksten politischen Kraft geworden – er stellte in aller Regel die Landtags- und Reichstagsabgeordneten des Bezirks. Diese Organisation nur als Vertretung landwirtschaftlicher Interessen zu sehen wäre zu kurz gegriffen – auch wenn dies das primäre politische Ziel war. Dem Bauernbund gebührt das traurige Verdienst, den politischen Antisemitismus bereits während der Zeit der Monarchie in Württemberg eingeführt zu haben. Seine Wahlprogramme wie die Propagandaschriften strotzten geradezu von Ausfällen gegen die Juden. Im Wahlhandbuch von 1928 wird z. B. ausgeführt: „Der zersetzende Geist des internationalen Judentums fand bei keinem Volk einen besseren Nährboden als beim deutschen ... Die jüdisch beeinflußte Großstadtpresse bekämpft alles Vaterländische scharf und rücksichtslos und treibt eine planmäßige Unterwühlung aller deutschvölkischen (!) Gefühle und Bestrebungen."

Auch ohne detaillierte Wahlanalyse läßt sich feststellen:

Der Bauern- und Weingärtnerbund hatte im Schnitt etwa 50 Prozent seiner Wähler verloren – sie waren im Zeichen der Krise zu den Nazis gestoßen. Auch wenn die Herbstwahlen von 1932 einen Stimmenverlust der NSDAP brachten, bewies die letzte noch halbwegs demokratische Wahl, die zum Reichstag vom

5. 3. 1933, eindrücklich, daß das heutige Kreisgebiet zur Hochburg des Nationalsozialismus geworden war.

Das Dritte Reich ist hier also nicht vom „Himmel gefallen". Mit ein Grund für die frühzeitige Umorientierung der Wählermehrheit war das langjährige Wirken des letztendlich präfaschistischen Bauern- und Weingärtnerbundes; für seine Anhänger war das Abwandern zu den Nazis geradezu folgerichtig. Die heute längst vergessene Partei hatte der NSDAP – jedenfalls auf dem Land – sozusagen „das Nest bereitet". Und sein Geist lebt noch – sein Zeichen in der Gegenwart war ein Hakenkreuz quer über den Löwensteiner Weinberg.

Wir verspäteten uns sehr und kamen erst nachmittags nach Hause zurück. Die Kinder hatten nach der Schule gemeinsam einen Nudelsalat zubereitet und schon gegessen. Sogar die Küche war halbwegs aufgeräumt. Jetzt waren sie in alle Winde verstreut: Fußball, Baustelle, Nachbarn und was sonst.

Ich fühlte mich schlecht und unglücklich in dem Gefühl, nichts erreicht zu haben in Löwenstein.

Das Telefon klingelte. Es war Monika, eine Freundin. Sie berichtete schlimme Dinge über ihre Scheidung. André, ihr Sohn, sei krank. Ihm sei speiübel, er habe Bauchweh und Durchfall. Sie brauche einen Doktor. Ich suchte im „Haller Tagblatt" nach dem diensthabenden Arzt – es war ja Wochenende. Ein Gynäkologe, mein Frauenarzt, war dran. 1835. „Grüß André und gute Besserung."

Mit aufgestütztem Kopf saß ich noch am Telefon, den Hörer in der Hand. „1835 ... 1835", murmelte ich, „hoffentlich ist nichts Ernsthaftes mit André."

Monika würde diese Nummer nicht anrufen. Ich ahnte nicht, daß ich wenige Stunden später in der allergrößten Verzweiflung meines Lebens diese Nummer, diese 7835, wählen würde.

Von draußen klang ein herzhaftes kleines Lachen herein. Leise ging die Tür auf. Tadesse streckte seinen Kopf schräg zur Tür hinein, dann trat er ein.

„Hallo, Mutti, ich bin da. Hast du Kopfweh?"

Er schaute mich an. Sein Blick berührte mich von Herzen. Diese unergründlichen, dunklen Augen.

„Ja, ein bißchen!"

„Warum, hat Monika wieder angerufen?"

„Ja", sagte ich, „wo warst'n?"

„Bei Karin", sagte er. „Also tschüs, bis später", und weg war er.

Frerich war zur Baustelle gefahren. Es gab viel zu tun. Manchmal wußten wir nicht, wo uns der Kopf stand: sechs Kinder, alle im Schulalter. Tycho 16, Sinje 15, Gunnar 14, Tadesse 11, Gudrun 8 und Rona gerade 6 Jahre alt.

Die Tiere: Ponies, Maultier Pfippi, Shetty Pepel, die beiden Rappen Anuschka und Pinocchio, der Isländer Paule Kuchenfuß, eine ganze Herde von Robustpferden. Und die Hunde, Barney, ein dicker Beagle, den wir samt Korb von einem Sozialarbeiter geschenkt bekommen hatten, Binna, die Scotchterrierin (im Dorf wie Tadesse auch manchmal das „Schwarzerle" genannt) und Mona Lisa, die schöne Bernhardinerin. Den Namen bekam sie, weil sie lächeln konnte.

Die Pfauen Mylord und Sophie, eine Urahnin des Verpächters unseres Anwesens hieß so, ein Blausperberhahn namens Hannes, so einen hatte ich als Kind im Puppenwagen herumgefahren, und ein paar namenlose Hühner, darunter das „weiße Huhn", dessen Individualität darin bestand, nachts auf dem Giebel des Gartenblockhauses zu schlafen. Allein das tägliche Eiersuchen!

Manchmal wurden sogar Pfauenküken ausgebrütet. Nur eins von vieren überlebte. Das erste fiel in die Ponytränke, und das zweite holte der Habicht, das dritte verschwand spurlos. Die indischen Laufenten, ein Pärchen, hätte ich fast vergessen, dabei haben wir so oft über sie gelacht, denn sie watschelten wie stolze Pinguine einher.

Unsere Welt war reich, das Geld war knapp, die Kinder haben das alles miterlebt.

Frerich ist bei einem Versicherungsverein beschäftigt, er war sehr strapaziert mit dem Aufbau seines Gebietes. In ein paar Wochen sollte unser Haus fertig sein. Gudrun war vorgestern zu einer Kinderkur gereist. Tadesse würde sie nie mehr wiedersehen. Zum Abschied hatte er zu ihr gesagt: „Sei schön brav" und „Ich schicke dir ein Päckchen".

Den Innenausbau unseres Hauses wollten wir größtenteils selbst machen. Vor kurzem wurde Richtfest gefeiert. Bald würden wir es geschafft haben, und die Freude überwog alle Sorgen. Für jedes Kind ein Zimmer, alles aus Holz, Kachelofen, biologisch gebaut, Büro im Haus, rundum nach unseren Wünschen.

Anfangs hatte Tadesse oft gesagt: „Ich bleibe hier. Hier bin ich hergekommen, und hier bleibe ich, in diesem Garten."

Wir ahnten nicht, auf welche Weise das wahr werden würde.

Dann ließ er sich doch anstecken von der allgemeinen Begeisterung beim Bauen und plante sorgfältig die Einrichtung seines Zimmers: „Da kommt der Schreibtisch hin, das Bett nach oben und hier eine Wand zum Turnen. Für Training ..."

Ein letztes Geschenk

Gedankenverloren habe ich vorhin Tadesses Lieblingsgericht, den Nudelauflauf, gekocht. Nudeln mit Käse, Zwiebeln und Tomatensoße. Das hat es seitdem nicht mehr gegeben.

Er hat uns allen gut geschmeckt.

29. 9. 81 TA, ist in die helle Kiefernholzplatte unseres Eßtisches eingraviert. Das hat Gunnar gemacht in der Woche, als Tadesse starb, mit Hammer und Nagel.

Am 12. Mai 1976 kam Tadesse aus Äthiopien zu uns. Ein cleveres Bürschchen! Er lernte sehr schnell deutsch. Nach ein paar Tagen schon überraschte er mich mit dem Satz: „Ich habe im Garrrten morrrsche Brrretterr gefunden."

Ich staunte immer wieder über ihn.

Beim Kochen seines Leibgerichtes fiel mir nun ein Erlebnis ein, das ich damals gleich aufschrieb:

Es war einige Wochen nach Schulbeginn. An jenem Tag kam er vorzeitig nach Hause gerannt. Schon vom Küchenfenster aus merkte ich ihm an, daß etwas nicht stimmte. Der sonst so heißgeliebte Beagle-Hund Barney bekam am Gartentor zur Begrüßung einen kräftigen Fußtritt, daß er aufjaulte. Tadesse schrie und schimpfte laut vor sich hin in einer Sprache, deren Worte ich nicht verstand. Ich erschrak über die äußerste Wut und Verzweiflung, die ich raushörte. Den Ranzen hatte er vergessen. Jacke und Mütze auch. Die Haustür flog auf und krachte zu. Seine Augen funkelten vor Zorn.

„Ja, was ist denn, Tadesse?" fragte ich.

Jetzt weinte er herzzerreißend, fuchtelte wild mit den Armen umher und bedeutete mir, in die Küche zu kommen. Er packte mich am Arm und zog mich zum Herd. Er riß die Herdklappe auf und zerrte das Kuchenblech heraus.

„Da siehst du es! Da guck!" schrie er.

Ich fragte: „Was soll ich sehen, Tadesse?"

Er krempelte seinen Ärmel hoch und hielt seinen Arm ans Kuchenblech.

„Da siehst du es? Ich bin braun, nicht schwarz! Das Kuchenblech ist schwarz, und sie hat gesagt, ich bin schwarz. Meine Lehrerin. Da guck, ich bin braun. Heute im Turnen, da hat sie gesagt: ‚Schwarzer Mann, komm mal her!' – das sagt sie immer zu mir. Bei den anderen, da sagt sie Peter, Oliver oder Elvira. Aber zu mir sagt sie nur ‚Schwarzer Mann'. Dabei habe ich auch einen Namen. Ich heiße Ta-des-se, und ich bin braun! Siehst du, daß ich braun bin?"

Ich nahm ihn in die Arme. „Ja, Tadesse, ich sehe es, du bist braun. Schön braun."

Der Hund kratzte an der Tür, er war ihm nachgetrottet. Wir ließen ihn rein. Seine Ohren hingen noch tiefer runter als sonst.

„Ent-schuli-gung, Barney!" sagte Tadesse zum Hund und streichelte ihn lieb.

Eilig wollte ich noch schnell mal zur Baustelle unseres neuen Hauses nach Hirschfelden fahren, ganz in der Nähe gelegen, neugierig, wie weit Frerich mit Tycho und Gunnar und ein paar Helfern beim Brettern der Fußböden gekommen waren.

Tadesse kruschtelte in seinem Zimmer rum, drückte mir seine großen Sporturkunden und ein Foto von sich, inmitten seiner Fußballmannschaft, in die Hand.

„Für dich, Mutti!" sagte er leise und sehr ernst.

Wie ernst er es gesagt hatte, fiel mir eigentlich erst später richtig auf, und da war es zu spät.

Und mit welcher Würde er mir das Papier überreicht hatte, wurde mir erst nach seinem Tod bewußt. Dabei hatte er mir noch einmal seinen besonderen Blick geschenkt, mitten ins Herz hinein, sanft und liebevoll. In seinen großen Augen spiegelte sich die Traurigkeit seiner Seele und das Wissen um den Abschied. Im nachhinein spürte ich das alles schmerzhaft. In diesen Augenblikken bemerkte ich nichts. Ich hatte es ja so eilig.

In dem berühmten Abendmahlbild des Leonardo da Vinci, so fanden die Kunstkenner bei der Analyse des Bildaufbaus heraus, offenbart sich dem Betrachter die Pyramide von Gizeh mit ihren ganzen Geheimnissen. Kaum ein Mensch entdeckt es. So ähnlich war das bei mir. Ich habe gesehen, aber nicht erkannt. Und das bewußte Wahrnehmen der Signale und das Verstehen hinkten dem tödlichen Ereignis weit hinterher.

Ein paar Tage zuvor hatten wir Tadesses großen Sieg im Sport gefeiert. Er war der schnellste Läufer der Schule geworden. Ganz allein lud ich ihn in die Pizzeria ein. Das war etwas Besonderes. Er bestellte sich ein Riesenschnitzel, ich aß vegetarisch. Frerich kam freudig nach, als er von der Arbeit zurückgekommen war und von Tadesses großem Erfolg gehört hatte. Zur Belohnung versprachen wir ihm ein neues Fußballhemd. Tadesse strahlte vor Glück, froh berichtete er über die Geschehnisse des Tages, mittendrin hielt er inne: „Wißt ihr noch, wie ich schon mal gewonnen hatte beim Laufen, noch in der Grundschulzeit war das. Da hat mir mein Lehrer lobend auf die Schulter geklopft, daß alle es sahen, und mit der anderen Hand hat er mich in den Rücken gezwickt. Diesmal war es ganz anders. Alle haben sich mit mir gefreut!"

Wir erinnerten uns noch gut an diesen unglaublichen Vorfall. Hoffentlich gibt es keine Neider, dachte ich. Sinje hatte so begeistert erzählt, als sie vom Sportfest aus der Schule zurückkam.

„Das hättest du sehen müssen, Mutti! Tadesse! Du glaubst das nicht! Beim 1000-Meter-Lauf weit, weit voraus und irgendwo die anderen im Klumpen hinterhergejapst! Alle, Lehrer und Schüler, haben ihn umarmt und ihm zugejubelt. Ich war voll Stolz auf ihn!" Sekundenschnell stand das alles vor mir, als Tadesse mir Foto und Urkunde gab.

„Danke, tschüs, Tadesse", sagte ich knapp und verschwand.

Ich sah ihn lebend nicht wieder.

Auf der Baustelle schlichtete ich einen Streit zwischen einem Italiener und einem Jugoslawen. Beinah hätte es eine Schlägerei gegeben. Frerich sagte, er würde gleich kommen mit den Kindern, sie müßten nur noch aufräumen. Ich fuhr mit Rona zurück, kaum eine halbe Stunde waren wir fort gewesen. Sie ging zuerst ins

Kinderhaus, ich in den Anbau, unser „Refugium". Plötzlich stand sie wieder vor mir, bleich, kreideweiß, fast durchsichtig, zitternd wie Espenlaub, und sagte: „Mutti, komm mal, Tadesse hängt am Schrank."

Ich rannte rüber, riß die Tür zu seinem Zimmer auf, sah nichts, wollte die Tür wieder schließen, da hing er hinter der Tür am Schrank. Tadesse.

Wer weint schon um eine Blume?

Bevor ich überhaupt anfangen konnte zu schreiben, hatte ich auf dem weißen Bogen Papier ein Schneeglöckchenkreuz geklebt, aus gepreßten Blumen. Warum, weiß ich nicht genau. Vielleicht deswegen: Etwas erblüht aus totem Holz, aus frostiger Erde und eisiger Kälte. Es wird immer wieder Frühling.

Bis hin zum Schneeglöckchenkreuz habe ich das Entsetzliche noch einmal durchlebt. Dann konnte ich wochenlang nicht mehr schreiben.

In der Zeit ging ich oft in die Sauna. Dort weint der ganze Körper, und alle ungeweinten Tränen fließen weg.

Es ist schon länger her, da hatte Tadesse mich im Traum besucht, ein wenig lächelnd, ein bißchen kopfschüttelnd hatte er gesagt: „Mutti, seit ich nicht mehr da bin, bist du eine richtige Wassermelone geworden!"

Das hatte ich mir zu Herzen genommen, und so helfe ich mir nun.

Draußen im Garten blühen inzwischen sattrote Bauernrosen und zartlila Akelei, meine Lieblingsblumen, Begleiterinnen aus der Kindheit – eine bunte Blumenwelt!

Blumen trösten. Sie leben, wie es ihnen bestimmt ist, kurzfristig, doch ihr Dasein treibt sie zu vollster Blüte und einzigartiger, leuchtender Farbenpracht. Sie erreichen ihre Vollendung, und ihre Vollendung ist es, Bauernrose oder Akelei zu sein. Blühen und Vergehen folgen rasch aufeinander – aber wer weint schon um eine Blume? Wer achtet ihren Tod?

Heute ist Feiertag, Himmelfahrt. Das Telefon klingelt. Es schrillt einfach hinein in die friedliche Abendstille eines schönen

Maientages. Es ist Sieglinde. Jahrelang haben wir nichts voneinander gehört.

„Unsere verlorenen Söhne sind auf der anderen Seite längst gefunden … ", sagt sie – und daß Jirgalem auch tot ist. Seit ein paar Monaten schon. An einem Donnerstag ist es passiert: Gerade achtzehn Jahre, gerade Abitur, gerade den Führerschein – auf dem Weg zum Fußball – ein tüchtiger Sportler war er. Sein Wagen hat sich überschlagen – mehrmals – schwere Kopfverletzungen – man sah ihm fast nichts an – er starb im Krankenhaus. Jirgalem ist einer der beiden äthiopischen Adoptivsöhne von Sieglinde. Sie lebt in Kassel mit ihren Kindern – alleinstehend. Sie hat noch ein Mädchen aus Indien angenommen, das ihr viele Sorgen macht, und ein von den Ärzten vollends aufgegebenes Kind aus Peru mit einem Wasserkopf.

Trotz der traurigen Botschaft empfinde ich deutlich die Freude in ihrer Stimme, als sie von diesem Kind berichtet: „Es kann schon 10 Meter allein laufen, 300 Meter an der Hand, und es fängt sogar schon an zu sprechen! Die Ärzte sagten, all das wird dieses Kind niemals lernen. Allein die Liebe …"

Wir kannten uns vom Adoptivelterntreffen des Kinderhilfswerkes „Terre des hommes", das meist auf einem alten, abgelegenen Bauernhof, dem Strudelhof bei Schwäbisch Gmünd, stattfand.

Schöne, unvergeßliche und beglückende Stunden waren das gewesen – Stunden voll Hoffnung!

Verlassene Kinder aus aller Welt, gleich welcher Hautfarbe, hatten liebevolle neue Mütter, Väter und Geschwister gefunden, alle spielten übermütig miteinander, tauschten Gedanken aus, aßen und tranken zusammen und kamen auf diesem Weg manchmal Gott näher, als es vielleicht erlaubt ist.

Wäre doch nur ein Hauch dieser Strudelhofatmosphäre andauernd in der neuen Umwelt dieser Kinder spürbar geblieben!

Jirgalem ist tot.

„Er hat die Diskriminierungen auf sich gezogen wie der Käse die Fliegen", sagt mir seine Adoptivmutter noch am Telefon.

„Ein großer, schöner Junge."

Jirgalem, gestorben 29. 9. 1989, Kassel.

„Im Sarg so klein wie damals, als er kam."

Wieder bin ich vom Schmerz hin und her gerissen.

Aber frommt es nicht gerade Tadesse, so früh zu sterben, und frommt es nicht auch Jirgalem, jetzt zu gehen?

„Die Überlebenden werden die Toten beneiden …"

Es war in seinem Zimmer …

Tadesse hing an einem dicken Schiffstau. Die Kinder hatten es als Strandgut gefunden, und wir brachten es von unserm letzten Ostfrieslandurlaub mit. Neben ihm hing seine Strickleiter herab, er hatte sie zum Bäumeklettern geschenkt bekommen, an der Wand ein Fallschirmspringerposter und am Schrank angepinnt ein Zeitungsausschnitt von der Initiative „Ärzte gegen Atomtod" mit der Schlagzeile „Die Überlebenden werden die Toten beneiden".

Ich umarmte Tadesse, rief, schrie seinen Namen, schrie immer wieder seinen Namen, versuchte verzweifelt, die Schlinge um seinen Hals zu lockern.

Rona, seine Schwester, war still weggegangen. Sie holte Nachbarn zu Hilfe. Jetzt kam Sinje direkt darauf zu. Sie hielt inne. Sie schrie „Mutti! Tadesse!"

Dann hechtete sie, ohne ein weiteres Wort zu sagen, auf den Schrank, löste den Strick vom Haken an der Decke und kraftlos sank Tadesse in meine Arme. Sein Gesicht entsetzlich verzerrt. Keine Blässe, er war ja so schön braun. Er trug meine blaugelben Turnschuhe. Wir hatten beide Größe 39.

Vorsichtig legte ich ihn auf den Boden, kein Anzeichen von Leben, kein Puls, kein Atem.

Ich rannte zum Telefon, wollte die Nummer des diensthabenden Arztes wählen, Schwäbisch Hall 7835. Im selben Moment klingelte es. Meine Mutter war dran aus Schleswig. Sonst rief sie meist nur sonntags an. In derselben Sekunde hatte sie angerufen, in der größten Notsekunde.

In der Ferne hörte sie mich schreien und „Tadesse" rufen. Wie ihr zumute war? Sie legte sofort den Hörer wieder auf, um die Leitung nicht zu blockieren.

„Ich wählte nochmals die Nummer von Dr. Meyer, die Sprechstundenhilfe war dran: Dr. Meyer soll bitte schnell, schnell kommen, Tadesse hat sich erhängt."

„Was? Wie bitte?"

Wieder ins Telefon gebrüllt: „Schnell, Tadesse hat sich ... "

Ich rannte zurück zu Tadesse, versuchte Mund-zu-Mund-Beat-mung, Herzmassage, so gut ich es eben konnte. Ob ich es richtig gemacht habe, weiß ich nicht mehr.

Dann stand Herr Hauser – ein Nachbar – da, fragte, ob er etwas helfen könnte. Er fuhr zur Baustelle, um meinen Mann zu benach-richtigen. Frerich kam mit Tycho.

Mir war fast selbst der Atem weggeblieben beim Beatmen. Frerich und Tycho lösten mich ab. Tycho beatmete zuerst, richtig, mit überstrecktem Kopf, sehr kräftig und zugleich vorsichtig, trotzdem kam Tadesses Mageninhalt hoch und verstopfte die Luftröhre.

In der Zwischenzeit war auch Dr. Meyer gekommen, er war sehr ruhig, und das beruhigte uns alle.

Ich lief raus, ins Freie. Der Krankenwagen, den wir auch sofort alarmiert hatten, kam und kam nicht. Draußen stand verloren Gunnar herum. Ich nahm ihn in die Arme, und wir setzten uns auf die Steinmauer vor dem Haus.

Wir weinten beide.

„Bitte, mach so etwas nie", sagte ich zu ihm.

„Nein, nie", versprach er.

Zum Glück hatte Tycho frisch vor einiger Zeit mehrere Erste-Hilfe-Kurse gemacht. Frerich war jahrelang im Roten Kreuz aktiv gewesen.

Tadesse, Tycho, Sinje und Gunnar waren zusammen in der Jugendrotkreuz-Gruppe in Michelbach, mit viel Eifer und Freude dabei. Ich war voller Hoffnung. Die schaffen es, dachte ich, er wird leben, gleichzeitig wußte ich, daß er tot ist, und doch stellte ich mir vor, Tadesse kommt gleich lachend raus und sagt: „Eh, Mutti, Entschuldigung, das war vielleicht blöd von mir ..."

Er kam nicht.

Ich wartete, rannte wieder rein. Dr. Meyer war mit Tadesse beschäftigt, ich hockte mich daneben und nahm Tadesses kühle, leblose Hand, die mir gleich wieder entglitt.

„Es sieht nicht gut aus", sagte Dr. Meyer.

Ich rannte wieder raus. Wieder saß ich mit Gunnar auf der Steinmauer. Tycho und Sinje waren vorgelaufen zur Straße, um

den Krankenwagen, auf den wir alle so dringend warteten, reinzu-
winken.

Rona kam und kuschelte sich zwischen Gunnar und mich.

Nach einer endlosen Ewigkeit kam der Krankenwagen, er hatte
sich verfahren. Das Absauggerät, das Dr. Meyer brauchte, hatten
sie nicht mit.

Dann trugen sie Tadesse raus.

Der Alltag ruft

Wenn ich darüber nachdenke, auch beim Schreiben, versinke ich
immer ganz in vergangene Zeiten und Ereignisse und komme
schwer zurück – manchmal wie aus einem Alptraum.

Der Alltag ruft. „Geschwind" noch staubsaugen!

„Gschwind", „Grüß Gott" und „gell?" sind wohl die am häufig-
sten gesprochenen Wörter im Ländle. Wenn man es unzählige
Male in endlosem Geschwätz hört, kann man davon Ohrensausen
kriegen.

Meine Heimat ist Schleswig-Holstein. Da ist man eher wortkarg
oder snackt platt. Aber das versteht hier keiner.

„Gschwind" ist ein Zeichen für höchsteiliges Arbeitstempo, ein
Deckname gewissermaßen, denn oft geht's beim „Gschwind"
ausgesprochen langsam zu.

„Gschwind". Blümles gießen, Kirchfenschterbänkles putze,
Straß' kehre, Auto wasche, Küche schrubbe, Sach hinrichte und
das alles samschdigs, gell, so isch's!

Gell ist wie das Tüpfelchen auf dem i, vervollständigt jeden Satz,
es verlangt einerseits Zustimmung, andererseits bestätigt es die
Wichtigkeit der eigenen Person.

Auch Tadesse fiel schon bald nach seiner Ankunft das „ewige
Gell" auf.

„Mutti, die Leute reden hier den ganzen Tag nur vom Geld",
sagte er, „hinter jedem Satz sagen sie ‚Geld‘."

Ich erklärte ihm, daß „gell" nicht „Geld" heißt.

„Was heißt es denn?"

„Eigentlich nichts."

„Na siehst du, doch Geld. Ist ja auch kein Wunder, daß sie es immer sagen, die denken ja auch nur ans Geld. Alle erzählen mir nur, was sie alles haben, was was kostet, was wie teuer ist, was sie alles kaufen wollen.

Geld, Mutti, so isch's? Den Leuten hier ist nur der Reichtum wichtig. Steffen hat neulich zu mir gesagt: ‚Weischt, warum ihr keinen Määrdscheedes habt, weil ihr soviel Kinder seid.'"

Gschwind staubsaugen. Das Brummgeräusch des Staubsaugers bringt mich zurück zum Hier und Jetzt.

Dabei fällt mir gleich noch eine kleine Begebenheit ein. Es war, als Tadesse erst wenige Wochen bei uns in Michelbach war.

Ich war mit dem Staubsauger zugange. Aber der saugte nicht so richtig. Ratlos stand ich da und schaute auf den Staubsauger. Tadesse beobachtete mich.

„Geht nicht?"

„Nein"

„Warte. Moment."

Er lief in die Küche, kam mit einem Geschirrhandtuch zurück, band es mit festem Knoten um das Saugrohr. Da war ein Loch drin, das ich noch gar nicht bemerkt hatte.

„So, kannst weitermachen." Er warf mir einen sehr fachmännischen Blick zu.

„Danke, Tadesse", sagte ich, „einfach toll."

Der Staubsauger tat's wieder. Das Handtuch blieb noch eine Weile dran.

Gott macht keine Zufälle

Wie alles begann mit unserem Tadesse, wie wir zueinandergefunden haben? Bevor ich davon erzähle, muß ich von etwas anderem erzählen. Etwas ist geschehen, während ich versuche, die Geschichte Tadesses niederzuschreiben, und das läßt mich nicht mehr los, ich muß das jetzt gleich zu Papier bringen. Das „Haller Tagblatt" berichtet dieser Tage: Der Sonnenhof, eine Einrichtung für geistig behinderte Kinder, hat in der Nähe eine Außenwohngruppe, etwa zehn Kinder mit Betreuern, gegründet. Daraufhin gab es eine Unterschriftenaktion gegen geistig behinderte Jugendliche in der Brenzstraße.

Das ist nahe beim Schulzentrum West, wo Tadesse zuletzt die

Realschule besuchte. Und da fragt ein Nachbar: „Wem ist damit gedient, wenn geistig behinderte Jugendliche im Wohngebiet leben? Sie werden von sämtlichen Anwohnern abgelehnt."

Und weiter heißt es da: „Hecken, Holzwände und Ranken schützen Anwohner vor Behinderten."

Ruhestörung, Beleidigung der Ästhetik ...

Diese Negativität hat Tradition hierzulande.

Da erinnert sich Inge Scholl in dem Buch „Die weiße Rose", und es geht mir nicht aus dem Sinn, was sie erzählt:

„Ab und zu erhielt Mutter Besuch von ihren früheren Freundinnen, den Diakonissenschwestern aus Schwäbisch Hall. Dort war eine große Heilanstalt für geisteskranke Kinder.

Eines Tages kam wieder eine der Schwestern; sie war traurig und verzagt, und wir wußten nicht, wie wir ihr helfen konnten. Schließlich erzählte sie den Grund ihres Kummers. Ihre Schützlinge wurden seit einiger Zeit truppweise von Lastwagen der SS abgeholt und vergast. Nachdem die ersten Trüppchen von ihrer geheimnisvollen Fahrt nicht wiederkehrten, ging eine merkwürdige Unruhe durch die Kinder der Anstalt. ‚Wo fahren die Wagen hin, Tante?' – ‚Sie fahren in den Himmel', antworteten die Schwestern in ihrer ohnmächtigen Ratlosigkeit. Von da an stiegen die Kinder singend in den fremden Wagen."

Wenn doch die Menschen, die sich gegen die Behinderten wehren, bei jedem ach so freundlichen „Grüß Gott" auch nur einen Augenblick innehielten ... an Gott dächten – es bedeutet doch: ich grüße Gott in dir – und ihm zulächelten!

Vielleicht wäre alles anders.

Wir sind doch alle eine große Menschheitsfamilie, wir kommen alle von dem einen Gott und gehen wieder zu dem einen Gott.

Er ist in jedem von uns und liebt gerade diese Kinder auf ganz besondere Weise. Gott schickt sie uns, damit wir durch sie lernen können, bedingungslose Liebe zu schenken. Und nur so können auch wir uns weiterentwickeln.

Gott macht keine Zufälle. Er hat auch Tadesse gesandt, den kleinen fremden Jungen aus Äthiopien, hierher, zu den Grüß-Gott-Sagern nach Schwäbisch Hall, auch ans Schulzentrum West und zu uns nach Michelbach, zum deutschen Michel, den er ja auch liebt und gerade deswegen vielleicht.

Probleme mit dem „Wundersgarten"

Wir hatten 1973 in Michelbach-Hagenhof ein Anwesen gepachtet, ein fast verfallenes Haus, ehemalige Scheune, das Scheunentor unterm Küchenfenster noch sichtbar, irgendwann umgebaut zum Sommerhaus, 2 ha Garten, knorrige Birnbäume, gelbe Früchte, im Herbst eimerweise zu ernten, Holunderbüsche, Fliederbeersaft gegen sämtliche Kindererkältungen, herrliche Apfel- und Nußbäume, Kirschbäume, so reich an saftigen Früchten, Nachbarskinder, Dorfkinder, unsere Kinder, sie hockten gemeinsam auf den Bäumen und aßen sich satt, rundherum um den Garten eine riesige Dornenhecke, an manchen Stellen mehrere Meter breit – dazu außerhalb eine große Ponyweide – im Garten ein uraltes, kaputtes Holzhäuschen mit Anbau, voll Gerümpel. Gunnar hat, als er sieben war, einmal gemalt, wie wir damals gelebt haben, zu Tadesses Zeit. Unsere Möbel hielten wohl die dünnen Gipswände des Häuschens, das nicht unterkellert war. Stromleitungen waren kaum vorhanden, die Wasserleitungen verrostet, es gab ein Plumpsklo, alles mit bescheidenen Mitteln und viel Zeitaufwand liebevoll selbst hergerichtet, erst überhaupt bewohnbar gemacht für ein einfaches Leben, ein großer verwilderter Garten in freier Natur. In jeder Jahreszeit lebten wir mehr draußen als drinnen mit unseren Kindern, wir konnten frei atmen. Wir nannten unsere kleine Ranch „Wundersgarten". „Wundersgarten" nannten wir es, weil es der Garten und das Sommerhaus eines Dr. Wunder war, der im Schloß des kleinen Ortes ein Landerziehungsheim gegründet hatte. Zusammen mit Hermann Lietz, mit dem mein Urgroßvater als Lehrer zusammengearbeitet hatte: ein Ort also, zu dem wir auch deswegen eine besondere Beziehung hatten.

Hierher kam im Mai 1976 Tadesse und im Februar 1975 Gudrun, unsere Pflegetochter, zu meinen drei Kindern aus erster Ehe Tycho, Sinje und Gunnar. 1974 wurde Rona, unsere einzige gemeinsame Tochter, geboren. Doch unser Glück dauerte nicht lange. „Unerlaubt fremde Kinder aufs Grundstück geholt", „überbelegt das Haus", wir samt Ponies, Pfauen und Hunden, alle unerwünscht. Drei Räumungsklagen der Vermieter flatterten ins Haus, stets mit einer neuen Nuance wieder eingereicht. Man wollte verkaufen. Das Anwesen war im Besitz einer Erbengemeinschaft.

Durch Dorfbewohner erfuhren sie manches über unser Leben und unsere Familie. Untereinander waren sich die Besitzer nicht grün, das erschwerte den Verkauf.

Die Räumungsklagen damals beunruhigten uns zutiefst, und sie liefen fast die ganze Zeit durch, als wir dort lebten. Wir gewannen alle drei Räumungsklagen. Ein sehr lieber Familienrichter aus Schwäbisch Hall begründete sorgfältig, warum gerade wir dort bleiben dürften. Und Ponyhaltung sei die einzig mögliche Nutzung des Hanggrundstücks. Das Gericht machte mit allen Beteiligten auch einen Besichtigungstermin in unserem Haus.

Wo hätten wir mit sechs Kindern und den Tieren eine Bleibe finden können? Wo? Wir wollten weg. Woanders neu beginnen. Tadesse war erst seit ein paar Monaten bei uns. Frerich hätte auch eine gute Arbeitsstelle in Aurich bei seiner Firma bekommen können. Wir hatten 1973 in Aurich geheiratet. Hoffentlich finden wir dort ein Haus zu mieten! Kurzentschlossen fuhren wir ein Wochenende in den Norden, nach Aurich, um uns dort umzusehen. Tadesse nahmen wir mit, damit er sich nicht ängstigte, wenn wir fort sind.

Unterwegs nachts auf der Autobahn – Pinkelpause –, Tadesse wollte um nichts auf der Welt aus dem Auto raus, er saß hinten drin, ganz klein zusammengekauert, „peng, peng", sagte er nur und schüttelte energisch den Kopf. Er fürchtete nächtliche Schießereien auf der Straße.

Tatsächlich fanden wir am nächsten Morgen auf einem Dorf in der Nähe von Aurich unser Traumhaus – ein schönes großes Fehnbauernhaus mit riesigem Grundstück in freier Landschaft und ein schnuckeliges Kutscherhäuschen, in dem eine hochbetagte Frau lebte. Das große Haus war zu vermieten! Diesen Tausch hätten wir sofort begeistert gewagt. Ohnehin fehlten mir im Schwabenland das Meer, die Möwen, der große Himmel und der freie Blick und ein richtiges Wetter. Der Hausbesitzer war mit uns einverstanden, auch an der Zahl der Kinder nahm er keinen Anstoß. Gemeinsam fuhren wir nochmals zu dem Haus.

Tadesse hatte sich bei der ersten Besichtigung, die wir drei alleine machten, schon mit der alten Frau angefreundet. Sie war sehr freundlich und froh, daß eine Familie mit vielen Kindern einziehen würde. Nicht länger einsam sein wollte sie.

Tadesse sagte zu ihr: „Ich hole dir jeden Tag Milch und kaufe für dich ein und besuche dich. Du heißt wie Vati und gehörst zu uns." Sie hieß Frau Frerichs. Die alte Frau strahlte entzückt und streichelte zärtlich sein Haar.

Der Hausbesitzer, ein großer, kräftiger Mann, wie man sich eben einen Ostfriesen vorstellt, stieg aus seinem Mercedes. Er zog einen großen Haustürschlüssel aus der Hosentasche. Tadesse war vor Müdigkeit im Auto eingeschlafen, erwachte und sprang plötzlich raus. Der Mann drehte sich nach ihm um.

„Wer ist das?" fragte er mürrisch.

Wir sagten: „Das ist unser Sohn. Er heißt Tadesse."

Wortlos steckte der große Ostfriese seinen großen Schlüssel wieder in die Hosentasche. Er ging zu seinem Mercedes, drehte sich noch einmal um und sagte:

„Dann kommt das Haus für Sie nicht in Frage." Und er fuhr ab.

Frau Frerichs war mit uns sehr traurig.

„Das Haus war abgebrannt", sagte sie noch, „eine Familie mit fünf Kindern war drin. Die läßt er nicht mehr rein", sagte sie noch. Schweigend fuhren wir den langen Weg die Nacht durch zurück nach Michelbach. –

Im ganzen Haus stinkt's. Mir sind schon wieder die Kartoffeln angebrannt. Wir hatten die Nase voll. Nicht jetzt von dem Geruch angebrannter Kartoffeln, sondern von Räumungsklagen und Vermietern.

Wir wollten es wagen zu bauen. Und wir bewarben uns um ein Grundstück am Fuß der Bilz in Hirschfeld. Hirschfeld hat nur ein paar hundert Einwohner, einige große Bauernhöfe.

Das Grundstück war Gemeindeeigentum. Es sprach sich schnell herum, wer dort bauen wollte: eine große Familie mit einem farbigen Kind.

„Wir haben doch schon diese Außengruppe mit den Strafgefangenen und nun auch noch das!"

Man rannte aufs Rathaus, um den Kauf des Grundstücks zu verhindern. In einer nichtöffentlichen Sitzung verhandelte man ohne uns, aber über uns.

Erst viel später sickerte das alles zu uns durch. Ob Tadesse davon erfuhr, weiß ich nicht. Welchen Feindseligkeiten er dadurch ausgesetzt war, weiß ich auch nicht. In letzter Zeit schwieg er dazu.

Aus jeder Familie des kleinen Ortes soll mindestens einer an der Verhandlung teilgenommen haben.

Tadesses Klassenlehrer, auch Gemeinderat, der ihn sehr liebte, versicherte den Anwesenden überzeugend, Tadesse sei ein sehr hilfsbereiter, netter, freundlicher und höflicher Junge.

Wir durften dann doch das Grundstück kaufen. Auch andere Gemeinderäte hatten sich für uns eingesetzt.

Das fertige neue Haus erlebte Tadesse nicht mehr. Er starb wenige Wochen nach dem Richtfest. Das Dorf konnte aufatmen. Ob sie glücklich sind, bedächtiger im Urteil? Wir leben auch nicht mehr dort. Wir wohnen jetzt in Mainhardt, Kreis Schwäbisch Hall, in einem netten Einfamilienhaus mit einem schön zugewachsenen Naturgarten. Als ich diesen Text schrieb, wurde uns wieder mitgeteilt: Das Haus wird verkauft. Es wird in der Zeitung inseriert. Am kommenden Wochenende.

Nachdem die DDR die Grenzen geöffnet hat, suchen noch mehr Menschen eine Wohnung. Da zählt das Geld auf der Bank, die guten Zinsen, ein langfristiger Mietvertrag zählt kaum.

Was hat der liebe Gott nur wieder mit uns vor? Sind wir Halma-Figuren, die man nach Belieben rein- oder raussetzen kann? Gottvertrauen ist nun auch wieder nicht so einfach, wie sich's anhört. Irgendwie hat er seine Finger im Spiel, und ich verstehe zur Zeit noch nicht, wozu das jetzt gut ist.

Ich spüre einen sehr unguten Zorn in mir.

Küchengespräche

Wann alles genau begann mit Tadesse und uns und wie es begann, weiß ich nicht.

Irgendwo kreuzten sich irgendwann unsere Seelenfäden. Aber erst mit unserem Adoptionsantrag beim Kinderhilfswerk „Terre des hommes" (Erde der Menschlichkeit) – oder schon lange Zeit vorher mit den immer wiederkehrenden Gedanken, wenigstens einem Kind aus der Dritten Welt zu helfen, ihm in seiner Verlorenheit neue Liebe zu schenken, eine Chance zum Überleben zu geben, eine Ausbildung zu ermöglichen, einen Krümel Gerechtigkeit aus deutschen Landen nach unbewältigtem Elend durch

Naziherrschaft die unermeßliche Not der armen Länder nicht nur anzusehen und anzuhören in den Medien – gerade klingelt's – es ist die Postbotin: eine Nachnahme vom technischen Hilfsdienst „Rat + Tat" eines großen Versandhauses – eine neue Pumpe für unsere Spülmaschine – wir sind sehr perfekt im technischen Hilfsdienst unserer technischen Geräte!

Oder begann vielleicht unsere Begegnung mit dem Fingerabdruck der Mutter von Tadesse unter der Adoptionsurkunde – einem Fingerabdruck als Zeichen der Hoffnung auf ein besseres Leben wenigstens für ihren Sohn – oder von dieser Seite schon noch längst vorher auch die täglich erlittene Not, die Kinder nicht satt zu kriegen und auch selbst Hunger zu leiden?

Wann also alles begann? Als einen Zeitpunkt des Beginns wähle ich jetzt einfach einmal Tadesses Ankunft auf dem Flughafen in Frankfurt und was er selbst später dazu sagte.

Leider habe ich nicht alle Geschichten aufgeschrieben, die Tadesse mir erzählte, während ich Mittagessen kochte und er jeden meiner Schritte in der Küche zwischen Herd und Spüle begleitete. Er hüpfte neben mir her wie ein springender Gummiball.

„Mutti, stimmt's, daß man vor Freude auch weinen kann? Wir haben davon gesprochen. In Reli. In der Schule.

Früher, da hab' ich immer gedacht, man weint nur, wenn man sehr traurig ist. Oder furchtbar wütend. Vor Wut heulen, das kann man. Ich kann das. Wenn dann noch alle sagen, daß ich schwarz bin. Oder braun wie Scheiße.

Eh Mutti, paß doch auf, die Kartoffeln kochen über! Hast schon Salz dran?

Weißt damals – ach weißt schon!

Na, als ich gekommen bin. In Frankfurt auf dem Flughafen. Als ihr mich geholt habt.

Da hast du doch geweint, mußt doch noch wissen!

Was gibt's noch außer Kartoffeln? Kein Fleisch? Schade.

Ich hab' mich immer gefragt, Mutti, warum du eigentlich da geweint hast?

Weint sie irgendwie wegen mir, hab' ich gedacht. Gefalle ich ihr etwa nicht, bin ich nicht schön genug, mag sie mich nicht oder was sonst?

Klar, du hast vor Freude geweint. Weil ich endlich da bin, gib's zu! Vor Freude über mich. Daß du noch ein Kind hast, mich. Und ich bin auch froh, daß ich hier bin.

In Afrika wär' ich wahrscheinlich schon tot. Die erschießen sogar Schulkinder in Addis Abeba, und die hungern immer. Auch die Kinder.

Ich war auch schon mal fast blind, weil ich nichts Richtiges zu essen hatte, hat Mr. Klein gesagt (Herr Klein war der deutsche Entwicklungshelfer, zu dem Tadesse vor seiner Ausreise aus Äthiopien sehr engen Kontakt hatte). Die Augen waren tagelang verklebt wie mit Uhu, und ich konnte gar nichts sehen. Das ist schlimm, eh!

Aber nun ist es wieder gut.

In Afrika, da hab' ich nie jemand aus Freude weinen sehen. Oder doch?

Vielleicht hab' ich's nur nicht bemerkt.

Aber als wir in der Schule davon gesprochen haben, da habe ich's gleich gewußt. Du hast aus Freude geweint. Weil ich gekommen bin. Zu euch.

Sonst hab' ich nie jemand so weinen sehen hier. Nur dich. Das eine Mal.

Da auf dem Flugplatz, da an der Sperre, da hab' ich doch gleich meine Sachen ausgepackt und euch alles gezeigt. Vati, du und ich, wir haben eine Ewigkeit zusammen da auf der Erde gehockt und haben alles bewundert. Die Sachen, die Kleins mir für euch mitgegeben hatten. Wir drei waren da wie eine ruhige Insel im wilden Meer. Nur eilige Leute um uns rum. Die haben uns sogar ein paarmal angerempelt vor lauter Eile.

Für dich die silberne Kette. Die hatte ich extra in meiner Hosentasche. Damit ich nicht Zoll zahlen muß.

Die Kette, die hab' ich zuerst ausgepackt. Dann habe ich sie dir um den Hals gelegt. Da hast du dich gefreut, geheult mit Tränen – gelacht sozusagen.

Weißt, ich finde, es ist die schönste Kette, die du hast. Sie ist wirklich sehr schön, gell, Mutti?

Ja, und Mr. Klein hat mit mir zusammen die Kette ausgesucht. Diese Kette ist schön für deine Mutti, hat er gesagt. Du könntest sie ruhig mal öfter tragen. So schwer ist sie doch gar nicht, und ich pass' auf, daß du sie nicht verlierst.

Am 12. Mai, am Tag, als ich gekommen bin, da hast du sie doch immer getragen, gell? Ja in Frankfurt, irgendwann sind wir aufgestanden, zum Auto gegangen. Ich war ja sooo müde! Ich hatte ja nicht geschlafen. Von Addis nach Frankfurt, den ganzen Flug über nicht. Ich glaube 12 Stunden. Zwischengelandet sind wir in Griechenland. Ich habe das Meer gesehen. Und Gebirge, Riesen-Gebirge. Alles von oben.

Aber ich hatte auf den lieben Gott gewartet, ich wollte ihn sehen. Unbedingt.

Meine Mutter in Afrika hat gesagt: Wenn du nach Deutschland fliegst, wirst du ihn sehen. Paß gut auf! Du fliegst durch den Himmel, da wirst du den lieben Gott sehen. Nur nicht einschlafen, hab' ich immer gedacht, sonst verpasse ich noch den lieben Gott. Sonst nie werde ich ihn sehen können – außer jetzt im Flugzeug, hoch über den Wolken. Da muß er ja sein. Der liebe Gott ist oben, und es gibt ihn, ich weiß, du nicht, aber ich glaube es. Wer sonst hat das alles gemacht?

Das Meer, das ich gesehen habe, und die Gebirge und Afrika und Deutschland. Und meine Lederhose, mein Fahrrad und meinen Fußball. K.o. war ich, total k.o. Echt erschöpft. Aber Gott habe ich nicht gesehen. Wieso ist der eigentlich lieb? Zeigt sich nicht mal, wo ich doch so auf ihn gewartet hab'!

Im Auto bin ich dann gleich eingepennt. Hintendrin, in deinen Armen.

Ich habe noch gesagt: ‚Deutsche Straße sauber ...‘ Ein paar Worte Deutsch konnte ich ja von Mr. Klein. Da war kein Müll auf der Straße wie in Afrika. Essen wir?"

Aufregung am Flughafen Frankfurt

Beim Schreiben merke ich es immer wieder: Ich kann nur einige kleine, bunte Mosaiksteinchen geben aus Tadesses Leben, seinem Leben zwischen allen Welten, das Bild muß jeder selbst in seinem Herzen zusammenfügen. Einzelne Perlen kann ich geben für eine Kette. Mir sind alle Perlen gleich wichtig. Die Reihenfolge der Perlen und die Größe werden aber bei jedem anders sein, der diese Geschichte liest, und das ist gut so.

Immer wieder komme ich zurück zum Drumherum von Tadesses Ankunft auf dem Frankfurter Flughafen am 12. Mai 1976.

Die schwierigen Adoptionsverhandlungen, von einer befreundeten Entwicklungshelferfamilie in Addis mit viel Mühe, Geduld und Zeitaufwand geführt, waren doch endlich erfolgreich. Wir hatten immer mitgebangt in Michelbach. Das sehr gründliche Adoptionsverfahren des Kinderhilfswerks „Terre des hommes" mit mehreren Gutachten über unsere Familie, der Besuch von „Beratungseltern", die bereits adoptiert hatten, ein schier unendlicher Behördenpapieraufwand bei uns hier, das alles lag glücklich hinter uns. Nur Tadesse fehlte noch.

Zweimal schon vorher hatten wir ein Telegramm mit Tadesses Ankunftstermin bekommen. Dann wieder Absagen. Die Regierung hatte plötzlich verfügt, die adoptierten Kinder dürften nicht ausreisen.

Botschaften verschiedener Länder bemühten sich, sogar auch die deutsche.

Endlich war es soweit.

Wir erhielten ein Telegramm mit den Worten:

„Tadesse kommt sicher 12. 5., 7.05 Uhr, Frankfurt."

Hier einige Zeilen dazu aus Frerichs späterem Brief an die Entwicklungshelfer:

„Tadesses Ankunft Soll: 7.05 Uhr – unsere Ankunftszeit 4.00 Uhr morgens. Wegen Nebelmeldung waren wir schon nachts 1.00 Uhr gestartet. Bis 6.00 Uhr morgens hatten wir die Papiere, um ans Flugzeug zu dürfen. Um 6.50 Uhr sollten wir im Betreuungsraum der Lufthansa sein, um mit einer Stewardeß zu starten. Sofort nach A 17! Wir ab, die Maschine war angekommen. A 17 – ganz am Ende des Flugsteigs – der Zoll verlangte, daß die Passagiere in einen Bus steigen und nach B-Ende gebracht werden. Wir im gestreckten Galopp retour, auf B – jeden Trupp gefragt aus Athen-Addis? Nein, nein, ja den Jungen gesehen? Nein, ja, wo, weiß ich nicht.

Punkt 7.00 Uhr beginnt erst der Betrieb im Flughafen. Noch kaum ein Offizieller unterwegs. Der einzige, den wir dann sehen, empfiehlt: Zurück zum Hauptbau. Treppab zum Gepäck. Wir dahin.

Kein Tadesse. Zurück auf B, wir nehmen den Bus. Kein Tadesse.

Zurück zur Lufthansa-Kinderbetreuung. Die wissen nichts, wir versuchen es noch mal.

Gerase, Schwitzen. Die Zöllner umklettert durch Gitter. Um nichts auf der Welt wollten wir zu spät da sein, ihn enttäuschen.

Endlich kam ein Extrabus – mit Tadesse! Ein junger Mann verabschiedete sich noch kurz von ihm. Dann saßen wir zu dritt auf dem Fußboden, er hat alles aus der grünen Tasche ausgepackt, jedes Foto und Bild erklärt. Toller Kontakt. Alle drei glücklich!"

Ein freundlicher Zöllner ließ uns schmunzelnd passieren. Tadesse brauchte seinen buntbemalten Blechkoffer nicht zu öffnen. Der Mann sagte: „Er soll doch nicht gleich einen schlechten Eindruck bekommen von deutschen Behörden" und wünschte uns noch alles Gute.

Um sie nicht immer wieder zu enttäuschen, hatten wir unseren Kindern diesmal beim dritten Ankunftstelegramm nicht verraten, daß sein Kommen jetzt unmittelbar bevorstand. Monatelang sprachen wir vorher in der Familie mit den Kindern über alles, auch sie wollten alle einem Kind aus Afrika helfen. Es sollte leben können. Lange, bevor Tadesse kam, fand ein lebhafter Briefwechsel statt zwischen Tadesse und uns und den Entwicklungshelfern in Addis. Alle freuten sich, alle waren gespannt auf seine Ankunft.

Die Kinder brachten alles mögliche für den Bruder aus Afrika. Sinje und Gudrun Puppen, Rona einen Lieblingsteddy, zahllose Stofftiere, Autos, Legos, Häuser, Tiere, Figuren von Play-mobil, das hieß bei uns damals „Pulli-Mulli", weil Gunnar noch kein Englisch gelernt hatte und es so nannte. Also viel Pulli-Mulli kam zusammen, mengenweise Werkzeug von Tycho: Hammer, Zange, Säge, Schraubenzieher, denn Tadesse sollte gleich eingespannt werden beim Hüttenbauen im Garten und auf den Bäumen. Sie brachten Sommer- und Winterkleidung, Kaugummis, Bonbon, Schokolade, Buntstifte, Füller, Bücher, Kissen für sein Bett und was nicht noch alles. Es hätte für ein paar Kinder gereicht.

Ich erzählte den Kindern auch Erlebnisse und Erfahrungen anderer Adoptiveltern, zum Beispiel, daß einige Kinder sich stets einen Nahrungsmittelvorrat unter der Matratze anlegen, weil sie immer noch befürchten, morgen könnte nichts mehr da sein zum Essen.

Bei uns kam das dann anders. Nicht Tadesse, sondern Gunnar hatte von da an einige Zeit lang Brot unter der Matratze verstaut.

Auch las ich den Kindern das Buch „Swimmy" von Leo Lionni vor. Dieses Buch schien mir geeignet, um sie auf Tadesse und seine Probleme vorzubereiten. Es ist die Abenteuergeschichte des kleinen, schwarzen Fisches Swimmy inmitten eines Schwarmes kleiner, roter Fische.

Tadesse faszinierte später diese Geschichte sehr.

„Swimmy ist wie ich", sagte er, „bloß, er ist ja ein Fisch."

Die Geschichte endet damit, daß die vielen kleinen roten Fische die Form eines großen Riesenfisches bilden. Der kleine schwarze Swimmy spielt das Auge des Riesenfisches, so schwimmen sie gefahrlos durch das Meer.

„Und so schwimmen viele kleine, rote Fische, getarnt als Riesenfisch, immer noch glücklich durch das Meer, und Swimmy fühlt sich in seiner Rolle als wachsames Auge sehr, sehr wohl." So lautet der letzte Satz der Geschichte von Leo Lionni. Und ich glaube, Tadesse hat nach seinem Tod diese Aufgabe für uns übernommen.

Am Vorabend seiner Ankunft besuchte uns überraschend der Medizinstudent Günther aus Würzburg mit ein paar Freunden. Er hatte seinen Aufenthalt in Addis noch einige Tage in die Länge gezogen, um Tadesse mitzubringen. Doch konnte er nicht länger warten. Er berichtete von den vielen Überlegungen der Adoptionshelfer, von ihren oft vergeblichen Mühen, ihren Sorgen, ob alles klappen würde, von den Verhältnissen überhaupt, von der Überlegung, Tadesse über den Sudan herauszubringen, und vieles, vieles mehr. Auch er hatte Tadesse ins Herz geschlossen.

Von uns erfuhr Günther dann den neuesten Stand der Dinge, nämlich: Wir starten noch in der Nacht zum Frankfurter Flughafen, denn Tadesse kommt morgen endgültig! Wir waren alle sehr froh und unterhielten uns noch bis in die Nacht hinein.

Erste Erkundungen

Sinje, Rona und Gudrun waren zu Hause, als wir mit Tadesse eintrafen. Wir waren unter dem Vorwand abgefahren – oder der Notlüge –, nochmals einen Entwicklungshelfer zu treffen, um alles zu besprechen. Die Kinder hatten also nichts gewußt. Sinje freute sich, staunte sehr, sah Tadesse lange groß an, Rona und Gudrun begrüßten ihn eher nebenbei aus ihrem Spiel heraus und wie selbstverständlich.

Irgendwann sagte Rona, sie habe erst viel später bemerkt, daß Tadesse anders sei als sie und eine braune Haut habe.

Nun kam Gunnar aus der Schule, dann ein „Alles-in-eins-Ausruf" Häiöhi! Es folgte eine schüchtern-zaghaft verhaltene und doch heftige Begrüßung – mögen mir alle den Vergleich verzeihen –, wie zwei sich noch fremde Hunde schwanzwedelnd voreinander stehen und schnuppern.

Tychos Begrüßung verlief ähnlich, doch ohne Überraschungseffekt. Er hatte unterwegs auf dem Schulweg schon von einer Frau, die wir nicht kannten, erfahren, daß Tadesse da sei.

Weiß der Kuckuck, woher sie es wußte! Aus dem Entwicklungshilfeprojekt der Kleins in Addis hatte Tadesse viele Sachen mitgebracht, die in Deutschland von uns verschickt werden sollten. Wunderbare Spielzeug-Holznashörner auf Rädern, Nilpferde, ganz massiv, Holzpuzzle mit Tieren und Landkarten von Äthiopien, bunt bemalt, schön gewebte Wandteppiche mit verschiedensten Motiven.

Er packte alle „seine" Schätze sorgfältig aus, sprach Worte dazu, die wir nicht verstanden, und stellte voll Stolz alle Dinge in unserem Wohnzimmer auf Schränken, Tischen, Fensterbänken und wo sonst noch Platz war auf. Es schien, als betrachte er alles als sein Eigentum, und uns kam die bange Frage: Wie ihm klarmachen, daß wir das alles wegschicken müßten zu fremden Leuten, die auf ihre Bestellung warteten. Erstaunlicherweise ging das ein paar Tage später alles reibungslos und ohne viele Worte, Tadesse half sogar beim Verpacken und Wegschicken.

Aus seinem bunten Blechkoffer holte er, gleich nachdem er die Kinderetage im Parterre flüchtig erkundet hatte, strahlend den gewebten Wandteppich „Johannes" raus, braun im Grund, mit einem großen äthiopischen Kreuz darauf, das an den Grundriß der Felskirche von Lalibela erinnert, mit schwarzen und hellen Flächen sehr ästhetisch gestaltet, ein besonders gelungenes Stück äthiopischer Handwerkskunst.

Bei uns hängen sehr viele Bilder, Fotos und bunte Dinge an den Wänden. Tadesse schaute sich um. Frei war nur die Tür, frisch orangefarben gestrichen. Prüfend legte er den Teppich gegen die freie Fläche und verschwand im Haus, kramte hier und da herum, kam schließlich mit einem großen Hammer zurück und einer Nägelschachtel, holte die größten, etwa 10 cm langen Nägel heraus, hielt den Teppich mit der einen Hand an die Tür, einen großen Nagel im Mund, quer durch die blendend weißen, kräftigen Zähne geschoben, schaute noch mal, nahm den Nagel aus dem Mund, hämmerte zuerst oben Mitte des Wandbehangs, dann oben rechts, oben links, dann unten die langen Nägel mit viel Schwung durch die dicke Holztür hindurch.

Der Wandbehang hing!

Seine erste Handlung bei uns im Haus, er hatte ein Kreuz an die Wohnzimmertür geschlagen, fest und unverrückbar. Frerich bog noch die spitzen Nagelenden auf der Flurseite der Tür zu Ösen um. Sie waren in Augenhöhe der Kleinen und gefährlich.

Das Kreuz blieb dort bis zu seinem Tod, bis zu unserem Auszug.

Kinderkriegen ist weiß Gott nicht leicht

„Wo ist Bruder? Wo?" hörte ich Tadesse am anderen Morgen laut rufen. Ich lief schnell zu ihm, wollte ihn trösten, vermutete erste Anzeichen von Heimweh.

Er jedoch hüpfte munter auf einem Bein im Wohnzimmer umher, einen roten Socken am linken Fuß, rechts barfuß, guckte unter den Tisch, zog den zweiten Socken hervor. „Oh, da ist Bruder!" rief er freudig erleichtert und zog den zweiten Socken an. Bruder Socke. Bis heute bei uns im Sprachgebrauch.

Das Kinderkriegen ist weiß Gott nicht leicht. Am Spätnachmittag des nächsten Tages war ich schier zusammengesackt vor lauter Freude, Anstrengung, Entspannung und Erschöpfung. Es war wie nach einer richtigen Geburt. Ein paar Stunden mußte ich mich hinlegen. Zum Glück war Frerich noch auf den Beinen. Jetzt fühlte ich mich wieder topfit wie meistens. Es gab viel zu erledigen. Zuerst wollten wir den ganzen lästigen Papierkram, der unweigerlich mit Tadesses Ankunft verbunden war, so schnell wie irgend möglich hinter uns bringen.

So fuhren wir gleich nach dem Frühstück mit Rona, Gudrun

und Tadesse nach Schwäbisch Hall, gut zehn Autominuten von Michelbach entfernt.

„Gurt, wie in Flugzeug", bemerkte er, als er in unserem blauen Polo saß. Unterwegs machten wir uns Gedanken über Tadesses Geburtstermin. Weder Geburtsjahr noch Geburtstag waren genau bekannt. Der Geburtstag wird dort schon gar nicht registriert. Jahrgang 1969, vielleicht hatte man Tadesse auch etwas verjüngt, um die Ausreise noch zu ermöglichen. Offiziell war er also sechs Jahre alt, vielleicht sieben oder sogar knappe acht Jahre alt in Wahrheit, wer weiß. Mit acht Jahren hätte er das Land wohl nicht mehr verlassen dürfen. Das Militär braucht Nachwuchs. In Addis werden Kinder schon früh zum Kriegsspielzeug der Mächtigen. Man bildet sie an der Waffe aus, sobald sie nicht mehr in die Hose machen.

Ein Geburtstagstermin mußte festgelegt werden. Wir überlegten: 12. Mai Ankunftstag, ein halbes Jahr später Geburtstag, das wäre gut. Dann kann er sich jetzt schon darauf freuen, braucht nicht allzulange zu warten. Aber 12. November, in der tristen Zeit? Vielleicht ist es gerade schön für ein Kind, dann wenigstens Geburtstag zu haben, wenn die Tage oft so nebeltrübe sind und es so früh dunkel wird.

Also 12. November – Geburtsjahr 1969, wie von den Entwicklungshelfern in Addis angegeben. Es ist schon ein besonderes Gefühl, den Geburtstag eines Kindes einfach so festzulegen. Aber ohne Geburtstag bist du kein Mensch und gar nicht geboren. Und wenn du deinen Geburtstag nicht weißt, könnte jeder Tag dein Geburtstag sein, aber einer wird dazu bestimmt. Ehe also die Bürokratie einen Geburtstag behördlich verfügt – lieber so!

Und am 12. Mai können wir dann noch jedes Jahr seine Ankunft feiern, eine Art zweiter Geburtstag im Frühling also.

Es gibt viel zu erledigen: zur Krankenkasse, Tadesse anmelden, erstmals mit Datum 12. November 1969. Dann zum Optiker, um drei Brillen abzuholen, die repariert wurden, zwei von Gunnar, dieses Jahr seine dritte und vierte, und eine von Frerich. Der Optiker steckt uns die Brillen in eine Tüte. Tadesse zeigt sich sehr interessiert an den Brillen, hat sie noch im Laden gleich aufprobiert, verwundert die Augen gekniffen und schnell wieder abgesetzt.

Frerich hielt die Brillentüte, den großen Din-A5-Umschlag mit sämtlichen Adoptionsdokumenten aus Äthiopien und Rona im Arm, ich hatte Gudrun und Tadesse an der Hand.

So beladen gingen wir zum Auto. Frerich legt Brillentüte und braunen Umschlag aufs Autodach, schließt die Tür auf, Kinder verladen, Kindersitze befestigen, einsteigen, Abfahrt. Wir wollten zum Bürgermeisteramt nach Michelbach, um Tadesse offiziell anzumelden. In Michelbach die Überraschung – Brillen und Papiere sind weg! Was wäre, wenn die Originaldokumente, um die wir so lange gekämpft hatten, für immer verloren wären?

Die Entwicklungshelferin schrieb später dazu aus Addis: „Erschöpfung und Chaos mit Papieren auf dem Dach, kann ich nachempfinden – mir wurde bei der bloßen Vorstellung der endgültig verlorenen Papiere schlecht."

Und zu den anderen Ereignissen, über die wir sie informiert hatten, meinte sie:

„Was habt Ihr bloß gleich für Aufregungen gehabt mit Loch im Kopf und ohnmächtigem Vater – hoffentlich ist's ein wenig ruhiger geworden."

Ruhiger wurde es in der nächsten Zeit keineswegs. Ich hatte eher das Gefühl, täglich einen Roman schreiben zu können. Abends war ich oft so erschöpft, daß ich nicht einen Satz mehr hätte zu Papier bringen können.

Also vorläufig keine Anmeldung im Rathaus in Michelbach, oder höchstens mündlich und nicht amtlich, zurück zum Optiker nach Schwäbisch Hall. Zum Glück war der Brillenumschlag da, jemand hatte ihn abgegeben, jedoch keine Spur von dem großen, braunen Umschlag mit den viel wichtigeren Adoptionsunterlagen.

Brillenumschlag noch zugeklebt, Brillen totale Scherben, eine Brille von Gunnar wegen der dicken Gläser nur verbogen, aber sonst noch heil. Man sah es deutlich am Umschlag, ein Auto war darübergerollt.

Nochmals den Weg abgelaufen und abgefahren, gesucht, Leute gefragt, verzweifelt, nirgends der Umschlag mit den Adoptions-Papieren. Zur Polizei, zum Ordnungsamt, zum Fundamt, Bescheid gesagt, fast beschwörend nachgefragt. Nichts.

Am Tag darauf, nach schlafloser Nacht, der erlösende Telefonanruf. Die Papiere sind bei der Polizei abgegeben worden! Eine Italienerin hatte sie gefunden und dorthingebracht.

Voll Dankbarkeit brachten wir der Frau – sie hatte auch sechs Kinder – einen Arm voll duftendem Flieder aus unserem Garten, einige Kinderschokolade und einen Schein. Sie freute sich sehr, ihr Mann lag seit vielen Jahren gelähmt im Bett. Tadesse schaute ihn lange, still, voll Mitleid an und lächelte ihm zu. Er lächelte zurück.

Glückwünsche zum neuen Geburtstag

Tadesses Geburtstag 12. November 1976, 77, 78, 79, 80, 81, 82.

„Hallo, guten Morgen, Butsch!" sagte Tadesse zu Rona an seinem 7. Geburtstag. Ronas Kosename war Butsch, alle nannten sie so zu Hause und manchmal auch Freunde und Bekannte. Sie wurde so gerufen, weil sie immer so überall herumbutscherte, im Garten und im Haus und immer mittenmang.

„Guck mal, ich bin kleiner als du und viiiiel jünger!" Er wandte sich ihr zu.

„Ich bin erst ein Jahr alt. Seitdem ich bei euch bin, lebe ich erst richtig."

Er lief jetzt in den Knien hockend zusammengekauert neben Rona her. Sie schaute sehr ernsthaft auf ihn herab.

„In Afrika, da habe ich nie richtig gelebt, weißt! Komisch, gell, Butsch?, ich bin älter und jünger als du und auch kleiner, siehst du?"

Das war Rona einfach zu hoch, das verstand sie nicht. Sie gab ihm einen kleinen Schubs und wehrte ab. „Desse, laß!" sagte sie sehr energisch.

An seinem 8. Geburtstag sagte Tadesse: „Ich bin zwei Jahre alt."

An seinem 9. Geburtstag: „Ich bin drei Jahre alt."

An seinem 10. Geburtstag: „Ich bin vier Jahre alt."

An seinem 11. Geburtstag: „Nun bin ich schon fünf Jahre alt."

Und am 12. Geburtstag lebte er nicht mehr.

Er wäre sechs geworden.

Und heute ist sein 13. Geburtstag. Heute habe ich die Geschichte aufgeschrieben.

Zwei Glückwunschkarten fallen mir noch ein, von Tadesse sorgfältig aufgehoben, die wir ihm morgens an seinen besonderen Feiertagen auf den geschmückten Frühstückstisch legten. Im Frühjahr, am 12. Mai, schmückten wir seinen Platz mit herrlichen Gartenblumen, im Herbst, am 12. November, dekorierten wir Bananen oder Apfelsinen um seinen Ehrenplatz. Immer war ein brennendes Licht dabei.

Eine dieser Karten war eine Bärengrußkarte vom Kinderbuchautor Janosch, den er bei einer Dichterlesung in Schwäbisch Hall kennengelernt hatte und sehr verehrte. „Janosch ist mein Freund", sagte Tadesse.

Er las viele Bücher von ihm und hatte sogar ein Autogramm bekommen. Darauf war er sehr stolz.

Also ein dicker, lachender, zottiger Brummbär mit grünen Augen, kurzer gestreifter Hose, Pfoten auf dem Rücken, Füße überquer vorn auf der Karte. Das war der Text:

„Weißt du,
was ich mir jetzt mal von Dir wünsche?
Ein … ein Dings
ein ein ein, ach Du weißt
schon was."

„Ich weiß schon was", sagte Tadesse und gab mir geschwind einen Schmatz.

Auf der Rückseite stand:

„Guten Morgen, Tadesse,
einen fröhlichen 4. Geburtstag wünschen wir Dir.
Deine Mutti und Vati."

Es war sein 10. Geburtstag.

„Ja, so isch's", hatte er gesagt und gelacht.

Später, als mir diese Karte aus seinem „Nachlaß" wieder in die Hände kam, entdeckte ich, daß er das fein gepunktete Briefmarkenfeld der Postkarte mit „Danke-Söhl" versehen hatte. Danke sehr, danke schön, danke Söhl klingt ähnlich.

Die andere Glückwunschkarte ist eine Karte vom 12. 5. 1989, aus seinem Todesjahr, eher eine Briefkarte. Ich erinnere mich noch sehr genau daran, wie ich sie in einem Heilbronner Geschäft kaufte. Das paßt irgendwie, dachte ich damals, denn irgendwann würde ich ihn wieder gehen lassen, vielleicht zurück nach Äthiopien. Die Karte war aus gelbem Papier, braun bedruckt, mit einer davonfliegenden Möwe darauf, mein Lieblingsvogel, dahinter eine große leuchtende „güldene Sonne".

Der Text dazu war von Khalil Gibran:

„Keine menschliche Beziehung gibt
dem einen Besitz des andern.
Jede zwei Seelen sind völlig verschieden.
In Freundschaft oder Liebe heben die beiden
Seite an Seite zusammen die Hände.
Zu finden, was einer allein nicht erreichen kann."

Über die Worte, die ich auf die Rückseite der Karte geschrieben hatte, erschrak ich jetzt sehr. Da stand:

„Bleib ein Schatz und mit beiden Füßen auf der Erde."
Dann später, im selben Jahr, hing er da ... tot.

„Lieber Gott,
gib mir Gelassenheit,
Dinge hinzunehmen,
die ich nicht ändern kann.
Gib mir den Mut,
Dinge zu ändern,
die ich ändern kann,
und gib mir die Weisheit,
das eine vom andern zu unterscheiden."
(nach einem amerikanischen Pilgergebet)

Und so war der rätselhafte Text für meine Karte entstanden:
Zu jenem Tag hatte ich zwei kleine Geschenke für Tadesse ausgesucht, die auf dem Frühstückstisch zusammen mit dieser Karte und der brennenden Kerze auf ihn warteten.

Das eine war ein etwa 10 cm großer, lilafarbener glitzernder Amethyst mit unregelmäßigen Zacken, die an Gebirge erinnerten; Tadesse mochte schöne Dinge und konnte sich herzlich an so einem Stein erfreuen. Er sammelte auch sonst manchen Stein, der interessant aussah und ihm gefiel. Das andere Geschenk war ein

Kuriosum, eine kleine, runde, bemalte, bauchige Tasse, lustig auf zwei Beinen stehend mit geflickten Jeanshosen und braunen Schuhen.

Möglicherweise hat diese Tasse mich damals unbewußt an Tadesses Ankunft erinnert, an die kleinen Beine in den Jeans, dazu feste, braune, aber doch schon abgelaufene Ledersandalen. Seine ersten Schuhe, die er in seinem Leben bekam, besorgt von dem befreundeten deutschen Entwicklungshelfer in Addis, dann sein Hungerbauch – wie eine leere Tasse.

Jeans und Sandalen habe ich noch aufbewahrt.

Tadesse streichelte zärtlich den lila Stein, ließ ihn in der Sonne blinken, fand die Tasse „sehr komisch", schnupperte am frischgebackenen Topfkuchen mit Rosinen, nach Uromas Rezept. „O gut, keine Schokolade drin", sagte er.

An Schokolade hatte er sich nämlich schon nach kurzer Zeit übergessen und rührte keine mehr an.

In unserem Harzurlaub in diesem Jahr, zu einem Familientreffen, hat mir meine Mutter einen lila Amethyst mit gebirgigen Zacken geschenkt, in Gold gefaßt, etwa fünfmarkstückgroß, als Anhänger. Das berührte mich sehr. Sie wußte nichts von der Geschichte.

Schrille Pfauenschreie

Am Tag der verlorengegangenen Papiere kamen wir gegen Mittag nach Hause. Da stand doch der Pfau Fritz mitten auf unserem großen, runden Eßtisch im Wohnzimmer, alles vollgeschissen, war zur Haustür hereinspaziert, durch bunte Strippen an der Tür hindurch, die immer offen war im Sommer und auch nachts nie verschlossen wurde.

Fritz guckte ganz verängstigt um sich, das Krönchen auf seinem Haupt zitterte, die Flügel bebten, sein langer Schwanz hing herunter bis auf den Teppich, den er auch mit Klecksen versehen hatte. Er wollte wohl durchs Fenster wieder in den Garten gelangen, hatte dabei viel Unheil angerichtet, Erde, Pflanzen, Blumentopfscherben überall verteilt. Vorsichtig versuchten Tadesse und Frerich Fritz wieder hinauszuleiten, Barney bellte noch dazwischen, der Pfau erschrak, wildes Flügelschlagen, die Lampe kam herunter, und einige Vasen gingen zu Bruch. Am Ende landete er doch wieder glücklich im Garten.

Tadesse war über die Situation nicht verwundert. Er hielt es wohl für selbstverständlich, daß Pfauen in deutschen Wohnzimmern ab und zu auf dem Tisch stehen. Er lachte sich halb schief über den bekleckerten Eßtisch, und ich hatte Mühe, alles wieder sauberzukriegen. Pfauen sind wunderschöne Tiere, es ist beglückend, sie anzuschauen in ihrer herrlichen Farbenpracht.

Nur ihr Laut ist schrill. Während der Balzzeit im Frühjahr, ungefähr sechs Wochen lang, schreien sie bei jedem fremden Geräusch. Sie meinen, ihre brütenden Hennen seien in Gefahr. Aber sie schreien in der Zeit auch ohne brütende Hennen. Den Schlag einer unbekannten Autotür des Nachts, ein knatterndes Mofa oder ein aufheulendes Motorrad, oder einfach laute Leute beantworten sie mit durchdringendem Schrei. Sie sind hellhöriger und feinsinniger als der wachsamste Hund. Während die drei Hunde Mona Lisa, Binna und Barney nachts schnarchten, bewachten die Pfauen unser Gelände, unsere Türen waren nachts offen, und keiner aus der Familie fürchtete sich deswegen.

Tagsüber tänzelte Mylord radschlagend in der Sonne. Er ließ sich nicht durch die spielenden Kinder vertreiben, ja er ließ sich sogar von ihnen anfassen. Fritz war etwas scheuer und nervöser und verschwand lieber ins schattige Gebüsch, oder er schwang sich auf das Dach des Hauses.

Leider schrien Mylord und Fritz abwechselnd und in verschiedenen Tonhöhen.

So brachten uns die beiden Pfauen drei Gerichtsprozesse ein wegen ihrer Töne. Wenige Wochen nach Tadesses Ankunft überrollte uns eine ganze Lawine von Beschwerden wegen Kindern und Tieren. Es gab auch eine Reihe Anzeigen bei der Polizei, es gab telefonische Beschimpfungen bei Tag und bei Nacht, einmal sogar eine Morddrohung.

Der Pfau Mylord hatte bei Sonnenaufgang unser Gelände verlassen und war den Hagenhofweg hinaufstolziert. Wir hörten seine Schreie, dann das Martinshorn eines Polizeiwagens. Man hatte die Polizei gerufen wegen eines „ausgebrochenen und schreienden Pfauen". Um die Schreie des Pfauen zu provozieren, ließen die

Polizisten das Martinshorn erschallen, Pfauenschrei und Martinshorn wechselten sich ab. Die Polizisten hatten ihren Spaß daran, sie wollten die Lautstärke der Pfauen beurteilen. So wurde die ganze Siedlung in aller Frühe bei Sonnenaufgang geweckt.

Tadesse erschrak sehr, er kam im Schlafanzug aus dem Haus gelaufen: „Was haben Pfauen getan, daß Polizei kommt?"

„Mylord ist den Hagenhofweg hinaufmarschiert und hat ein paarmal geschrien!"

„Darf ein Pfau nicht spazieren und die Menschen rufen?" fragte Tadesse. „Und was macht Polizei nun?"

„Die fahren wieder ab", sagte ich lachend und gähnte, „und die machen nichts."

„Warum kommen sie dann?" fragte Tadesse.

„Vielleicht hat Mylord noch irgendwo ein Salatblatt gezupft", sagte ich.

„Und nun muß er ins Gefängnis?" Für das Wort Gefängnis hielt er sich die Finger der Hand vor die Augen.

Dann waren wieder einmal unsere Ponies draußen. Fast täglich mußten die Zäune repariert werden. Tycho und Gunnar waren schon wahre Meister darin.

Die Ponies hatten den Bogen raus, warfen sich einfach hin und ließen sich gegen den Zaun kullern, mit ihrem Gewicht ein paarmal hin- und hergewälzt, und schon war der Zaun im Eimer; drüber und nichts wie weg! Daraufhin gab es wieder eine Anzeige bei der Polizei: Die Ponies seien unterernährt, weil sie es nötig hätten, aus unserem Gelände abzuhauen und auf den Feldern der Bauern herumzutoben.

Meist waren sie sehr schnell wieder eingefangen, hatte man erst eines erwischt, trabten die anderen brav hinterher.

„Hier bin ich wieder", sagte der Polizist von neulich. Schmunzelnd erzählte er von der Anzeige und telefonischen Beschwerde. „Die Leute sind hier so, es tut mir leid, ich muß meine Pflicht tun", sagte er entschuldigend. „Das mit den Ponies habe ich gleich abgebogen, denn ich hatte sie ja auch gesehen, als der Pfauenhahn frühmorgens ausgebrochen war. Die sind gut im Futter, habe ich denen gesagt, ich habe sie selbst gerade erst gesehen."

Nur die Lautstärke der Pfauenschreie müsse noch gemessen werden ...

Tadesse zitterte beim Anblick des Polizisten am ganzen Körper, ich hielt ihn fest an der Hand.

Der Polizist bemerkte seine Angst. Freundlich sprach er ein paar Worte mit ihm, ging auf ihn zu. Tadesse wich zurück hinter meinen Rücken.

Der freundliche Mann nahm seine Polizistenmütze ab, verbeugte sich kurz vor Tadesse. „Da", sagte er und reichte ihm die Mütze, „setz auf."

Tadesse lächelte zaghaft, streckte vorsichtig zögernd die Hand nach der Mütze aus, ergriff sie schnell und setzte sie auf. Er strahlte übers ganze Gesicht, nahm Haltung an und stolzierte durch den Garten. Er verneigte sich nun seinerseits tief vor Barney, dem Beagle, der dick und faul in der Sonne ausgestreckt lag, nahm die Mütze ab, schwenkte sie vor dem Hund hin und her und sagte:

„Da guck, Barney, ich bin Polizei!"

Barney deutete ein Schwanzwedeln an und öffnete halb ein triefendes Auge.

Tadesse wandte sich ab, stieg auf sein kleines grünes Polizeiauto – er hatte es von Frerichs Chef geschenkt bekommen – tatü – ta ta ... fuhr einige Runden im Garten und brachte dem Polizisten freudig und ohne Scheu die Mütze zurück. Leise sagte er „Danke".

Der Polizist hatte geduldig gewartet, sich mit mir unterhalten und sehr interessiert – nicht neugierig – nach Tadesses Schicksal gefragt.

Doch Tadesses Angst saß tief. Als Frerich gleichzeitig mit dem Polizisten abfuhr, nahm er bange meine Hand, zog seinen Schnürsenkel mit einer Hand aus dem Schuh, wickelte ihn mit Hilfe von Hand und Mund um beide Hände, die er über Kreuz gelegt hatte. Vati ... (Handschellen)? Das Wort fehlte, aber es war deutlich, was er meinte.

Ich lachte ihm zu, schüttelte den Kopf und nahm ihn auf den Arm.

Wochen später ...

Wir waren schnell in der Mittagsstunde weggefahren, um einige Besorgungen zu erledigen. Rona und Gudrun hielten ein kurzes Mittagsschläfchen, und die Großen waren mit ihren Hausaufgaben beschäftigt, Tadesse spielte mit den Hunden.

Unerwartet kamen ein paar junge Leute in blauen Arbeitsanzügen in einem dunkelblauen VW-Bus. Sie hielten in unserer Einfahrt an, packten Leitern, Sägen, große Scheren, Messer, Hacken und Beile aus und Säcke. Tadesse kam angerannt, sah, was geschah, warf sich zu Boden, fuchtelte wild um sich und schrie mörderisch. Sinje stürzte aus dem Haus, versuchte zu trösten, Rona kam aus dem Bett im Schlafanzug und fragte „Desse, was is?" Gudrun kam in der Unterhose angespurtet.

Drei Mädchen um den wild schreienden Tadesse herum, tröstend, streichelnd, gut zuredend – nichts half. So fanden wir die Kinder vor.

Die jungen Männer hatten inzwischen mit ihrer Arbeit begonnen, ohne daß Tadesse es vor lauter Gebrüll auch nur bemerkt hätte. Sie waren vom Stromwerk und hatten den Auftrag, die Äste zu kappen, die fast schon in die Stromleitungen hineinwuchsen.

Tadesse sah uns kommen, sprang auf, rannte uns entgegen und klammerte sich immer noch heulend fest an uns.

Bis die Leute endlich mit ihrer Arbeit fertig waren, ließ Tadesse sich nicht beruhigen. Und uns ließ er nicht los, klammerte sich richtig an.

Jahre später erklärte er uns sein Verhalten von damals, jetzt lachend.

Er habe gedacht, diese Männer in den blauen Overalls mit dem vielen Werkzeug und „Hackebeilen" seien ein Einsatzkommando von der Polizei. Er meinte, nun würde es den Pfauen an den Kragen gehen, man habe Leitern dabei, um die Pfauen von den Bäumen zu holen, Beile, um ihnen die Köpfe abzuschlagen, Sägen, Messer und Scheren, um sie anschließend zu schlachten. Um dies zu verhindern, habe er so geschrien. Und er habe gemeint, die Säcke seien zum Abtransport der toten Pfauen bestimmt ...

Tadesse lehrt Pepel das Laufen

Durch ein Loch im Maschendraht war ein anderes Mal Pepel, Gunnars kurzbeiniger, kleiner, schwarzer Shettyhengst, mit dem weißen Stern auf der Stirn, allein ausgerissen. Vom Kleefeld holten wir ihn gemeinsam mit Tychos und Gunnars Hilfe. Es gelang uns, ihn bis auf den Hagenhofweg zurückzubewegen. Pepel galt als

äußerst stur, sturer als ein Esel, wie Shettys manchmal sein können, aber lieb. Prompt blieb er kurz vor unserem Haus direkt vor der Einfahrt stehen, nichts und niemand konnte ihn bewegen, auch nur einen Schritt voranzutun.

Sinje lockte ihn mit Brot, er fraß eine ganze Tüte leer und blieb stehen. Wir redeten ihm gut zu, zogen und zerrten am Halfter. Pepel schüttelte sich nur. Mehrere schoben von hinten, die Nachbarjungen Jürgen und Ralf und der kleine Steffen waren zu Hilfe geeilt. Pepel rührte sich nicht. Er blieb, wo er stand. Die Nachbarn von gegenüber kamen mit freundlichen Worten und Zuckerstükken. Pepel ließ es sich schmecken und blieb wie angewurzelt stehen.

Tadesse saß apfelkauend im Baum und beobachtete eine ganze Weile grinsend und von oben herab unsere vergeblichen Bemühungen.

Plötzlich sprang er runter vom Baum, warf das Kerngehäuse seines Apfels ins Gebüsch, brach einen dicken Ast ab von der Hecke, streifte mit einer Handbewegung schnell die Blätter runter, kam angerannt und schlug Pepel ein paarmal kräftig hinten drauf.

„So", sagte er. Das Wunder war geschehen. Pepel lief. Er lief durch die Auffahrt, durch die enge Tür im Holzzaun, trabte durch den Hof zur Ponyweide, Tadesse stockschwingend hinterdrein. Pepel blieb vorm Gatter stehen, Tadesse öffnete es, rief Hü und schubste Pepel sanft, aber energisch in die Ponyweide zurück. Wiehernd begrüßten die anderen Ponies den Ausreißer.

Nachher schaute Tadesse uns triumphierend an, sagte aber nichts. Die Nachbarschaft staunte: Tadesse hatte Pepel das Laufen gelehrt und uns, wie man einen kleinen sturen Ponyhengst vorwärts bringt. Gut zweieinhalb Stunden hatte die Aktion gedauert.

Renée Klein schrieb zu diesem Vorfall später aus Addis:

„Und noch ein guter Rat: Gebt acht, daß er nicht irgendwann mit einem Stock auf einen Bullen losgeht. Hier laufen die Rindviecher nämlich (auch die Bullen!) ganz friedlich auf der Straße herum. Mir ist das mit Schrecken eingefallen, als ich die Geschichte mit dem Hengst las. Hier kriegen alle Viecher Prügel und laufen doch friedlich weiter. Da wir in Deutschland auch auf dem Land wohnen, weiß ich, daß die deutschen Bullen nicht ganz so friedfertig sind, und es könnte zu ernsthaften Verwicklungen kommen ..."

Begegnung im Kornfeld

Im Sommer sind Frerich und ich Herrn N. mit seinem Dackel im Kornfeld begegnet. Er hatte uns kommen sehen mit unserer Bernhardinerin Mona Lisa, der großen Hündin. Wir sahen ihn nicht. Er versteckte sich am Wegrand zwischen den Kornfeldern. Er dachte, die Hunde würden sich dort nicht bemerken. Unvermittelt standen wir dann voreinander, die Hunde und wir. Es gab einen wilden Tanz. Er zerrte seinen Dackel im Kreis herum an der Leine.

„Waldi!" schrie er. „Waldi!"

Der Dackel flüchtete kläffend, Mona Lisa laut bellend hinterher. Immer im Kreis. Mona Lisa war nicht zu halten. Waldi wurde immer schneller, flog schließlich im Kreisbogen durch die Luft. Herr N. schreiend, der Dackel hechelnd, Mona Lisa knurrend. Es sah aus wie ein Hundekettenkarussell. Er fing Waldi in der Luft auf, immer noch hilfeschreiend um das Leben seines Dackels, hatte er das Tier auf dem Arm. Mona Lisa sprang an ihm hoch. Er fiel mit Waldi ins Gras. Unser Rufen: „Lassen Sie den Hund runter und los von der Leine, dann können beide sich beschnuppern, es passiert nichts", hörte er nicht.

Ich prustete vor Lachen, er rappelte sich wütend wieder auf. Frerich gelang es, Mona Lisa zu schnappen.

„Sitz!" brüllte Frerich Mona Lisa an. Sie saß und ließ Herrn N. und seinen Dackel ziehen. Ich glaube, sie hat auch gelächelt.

Das war Tadesses erster Klassenlehrer, Herr N. Ein strenger Mann, der selten lachte, wenn überhaupt, überaus pedantisch, unnachahmliche Steifheit in jeder seiner Bewegungen, stets korrekt gekleidet vom Scheitel bis zur Sohle. Auf mich wirkte er oft wie eine lebende Bügelfalte.

O Gott! Schon vor Schulbeginn suchten wir ihn auf, um mit ihm über Tadesse zu sprechen.

„Gastarbeiterkinder hauen ja wenigstens nach einiger Zeit wieder ab, aber so einen, den muß man ja auch noch in die Klasse integrieren. Das wird nicht leicht für mich", antwortete er uns, nachdem wir stundenlang versucht hatten, ihm die Probleme näherzubringen.

Es war sinnlos. Wenn keine Bereitschaft vorhanden ist, sollte man keine weitere Energie verschwenden. Tadesse und wir würden mit ihm leben müssen. An ihm zerschellte manche Hoffnung. Tadesse würde es nicht leicht haben in der Schule. Weiß Gott. Als Erstkläßlerlehrer war Herr N. auch einfach zu kühl und distanziert. Er schien Tadesse zwar immerhin nicht direkt abzulehnen, vielleicht mochte er ihn sogar auf seine armselige Schulmeisterart, jedenfalls war er mit Lob äußerst sparsam. Tadesse mußte oft wochenlang von einem kargen Schullob zehren, und gerade er sehnte sich so sehr nach herzlicher Anerkennung, zumal seine Schulleistungen wirklich gut waren. Innerhalb von ein paar Monaten sprach er fließend deutsch.

Tadesse bemühte sich seinerseits sehr um seinen Klassenlehrer. Ein verächtlicher Blick machte ihn lange traurig und ein Milligramm Lob überglücklich.

Eines Nachmittags kam Tadesse aus seinem Zimmer, er war mit Hausaufgaben beschäftigt gewesen. Quer über seinen Kopf hatte er eine etwa 1 cm breite schnurgerade Bahn in die schwarzen Kraushaare geschnitten.

„Ja was hast du denn gemacht?" fragte ich erschrocken, denn er sah sehr komisch aus damit.

„Einen Scheitel wie Herr N.", antwortete Tadesse ernst. „Vielleicht mag er mich jetzt."

Dicke Tränen standen in seinen dunklen Augen.

Auch begann er sich jeden Tag mit Niveacreme dick einzuschmieren. „Dann werde ich auch weiß", sagte er dazu. Einmal hüpfte er aus der Dusche, rief mich aufgeregt, zeigte auf seine weißen Fußsohlen und weißen Handinnenflächen: „Siehst, es fängt schon an, alles weiß zu werden, jeden Tag ein bißchen mehr. Keiner sagt mehr Schwarzer zu mir. Bald bin ich weiß wie ihr, dann mag mich auch Herr N. und die anderen Kinder."

Wie so oft schon versicherte ich Tadesse, daß er mir und uns allen so am besten gefalle, wie er ist, so schön braun. Ich sagte noch, daß ich es ganz langweilig finde, wenn alle Menschen gleich aussähen. Dann würden sie sich irgendwann so ähnlich sein wie ein Ei dem anderen. Und keiner würde den anderen mehr erkennen.

Aber er wollte um jeden Preis weiß werden, er weichte seine Hände sogar in Geschirrspülmittel ein, bis sie ganz ausgelaugt und verblichen aussahen und ganz rauh wurden.

Zum Glück nahm er hinterher Niveacreme!

„Die sollet uns doch weiße Nigger schicke…", hieß es neulich in einem satirischen Theaterstück im Rundfunk über die schwäbische Mentalität, „die bräuchte mir dann nicht zurückschicke…"

Mit Blut gestempelt

Ein dunkles Kapitel aus Tadesses Lebensgeschichte: „Man-Eater", so hieß der letzte Film, angekündigt im Kino-Schaukasten, in der Woche, als Tadesse starb. Ein neues Privatkino in Michelbach. Seit ein paar Wochen im Gange. Eine vortreffliche Existenzgründung. Horrorvideos faszinieren und bringen Geld. Die Kasse klingelt. Kinderseelen werden mit Blut gestempelt.

Jemand schlug den Schaukasten ein nach Tadesses Tod. Danke. Im „Man-Eater", sagt man, frißt eine Frau ihren eigenen Embryo. In Großaufnahme.

Bei uns zu Hause ging's damals zu wie in einem Ameisenhaufen: überbeschäftigt, aber nicht chaotisch. Der alltägliche Kram wuchs uns fast über den Kopf, aber irgendwie klappte immer alles noch, sogar die Hausfinanzierung.

Im Klo hing ein blaugrundiges Poster: „Schlösser, die im Monde liegen …" Unser Haus war schon kein Traum mehr. Es sollte doch endlich fertig werden. Alle Kinder halfen kräftig mit, oft mit Freude, manchmal auch murrend.

Das neue Kino zog viele Jugendliche aus dem Dorf in seinen Bann. Auch leider unsere Nachbarsbuben und ein paar andere Fußballgenossen, die Tadesse dorthin mitschleppten. Sie meinten bestimmt, ihm Gutes zu tun.

Die meisten Eltern hatten wie wir keine Ahnung, was dort vor sich ging. Ein ganz normales Einfamilienhaus, besser gesagt eine Doppelhaushälfte, fast in der Dorfmitte, nahe am Rathaus, rechts von der Kreuzung, von außen sauber – weiß gestrichen, innen unten im Keller schwarz gestrichene Türen und Wände, vom Finstersten, die richtige Atmosphäre zum Gruseln.

Wir kamen täglich fast daran vorbei, wenn wir zur Baustelle fuhren. Tadesse begegnete uns mehrmals auf der Kreuzung mit seinem Fahrrad. Er winkte uns zu.

Nach dem Mittagessen und meist vor den Hausaufgaben war Tadesse oft abgeflitzt mit seinem Rad, zwischendrin guckte er nur mal wieder zu Hause rein, machte ein paar Schularbeiten, nach dem Abendessen zwitscherte er wieder ab. Nichts Außergewöhnliches. Kein Grund, sich Sorgen zu machen. Alle Jungen in diesem Alter toben viel draußen rum, sind überall und nirgends unterwegs. Wir fragten auch nicht groß nach, wo er sich aufhielt.

Es war im Spätsommer, ein Wetter wie im Bilderbuch, hell strahlender Sonnenschein, flimmernde Hitze, warm und trocken. Warum sollten wir argwöhnisch sein?

Tadesse wird sich mit Freunden treffen, Klassenkameraden besuchen, auf dem Fußballplatz herumkicken oder einfach radfahren. Dachten wir. Manchmal war er etwas bedrückt in letzter Zeit.

Später erfuhren wir durch die Ermittlungen der Kriminalpolizei:

Der Kinobesitzer hatte Tadesse als Werbefigur benutzt. Wenn er jedesmal zwei oder drei neue Interessenten brachte, die zahlen konnten, durfte er umsonst rein. Der Eintritt kostete DM 5,00 pro Person. Soviel bekam Tadesse in der ganzen Woche als Taschengeld. Das hätte er sich nicht leisten können, täglich einen Horrorfilm reinziehen. Und schon gar nicht mehrmals täglich. Doch das freundliche Angebot des Unternehmers machte es möglich:

Tadesse guckte mehrere Wochen lang immer wieder wüsteste Filme. Er brachte laufend neue Leute, die Eintritt zahlten. Er war sehr kontaktfreudig und konnte auch andere begeistern. Zur Werbung hatte man aus den spannendsten Filmen die schlimmsten Szenen zusammengeschnitten. Dieser Streifen wurde den Neuen vorgeführt, um den Appetit anzuregen. Tadesse immer dabei. Dafür fand er Anerkennung. Horrorfilme Kung-Fu, Zombie, Rambo, Gewaltfilme aller Art, je bluttriefender, desto besser, delikate Pornos und auch Filme rassistischen Inhalts wurden gezeigt. Durch aufreizende Musik eingestimmt. Es gab keinerlei Scheu oder Bedenken, den meist jugendlichen Gästen und Kindern Filme zu zeigen, die auf dem Index standen, das heißt, als jugendgefährdend absolut verboten waren.

Wie im Rausch erlagen die Jugendlichen der Faszination der Gewalt. Hier konnte man alle Sorgen vergessen ...

Die Inhalte solcher Filme werden schon bald nicht mehr genau erinnert, ähneln sich auch in der Monotonie ihrer Geschmacklosigkeit, aber die Emotionen, die dadurch geweckt werden, sind gefährlich. Sie kumulieren, und irgendwann explodiert die Seele.

So bereiteten auch diese Ereignisse Tadesses Tod vor.

Als Tycho vom Kino erfuhr, war Tadesse schon tot. Wegen der Auswirkung auf Tadesse wollte er unbedingt den Film „Man-Eater" anschauen. Wir ließen ihn schweren Herzens gehen. Er war gerade sechzehn Jahre alt. Schwer atmend, mit hochrotem Kopf kam er nach dem Filmgenuß zurück nach Hause, ihm war schlecht, und man konnte ihm ansehen, wie es ihn schauderte.

Sinje hatte vom Kino zum Glück gar nichts mitbekommen. Das waren auch „harte Männersachen", und „Weiber" wurden nicht eingeweiht. Auch waren die Filme unglaublich frauenfeindlich.

Gunnar war nur einmal mitgewesen und hatte sich so gefürchtet, noch tagelang später, daß er nie wieder hinging. Von Tadesses heimlichen Kinobesuchen verriet er nichts. Er wollte seinem Bruder das „Vergnügen" nicht nehmen. Ihn trifft keine Schuld. Die anderen Jugendlichen auch nicht. Die Macht der Medien ist stark, die Versuchung groß. Wahrscheinlich sind die meisten ursprünglich nur in das Kino gegangen, um einen spannenden Film zu sehen. Und das ist ja wohl erlaubt.

Tadesse, der sonst so vieles erzählte, hatte uns auch nichts berichtet. Er wußte nur zu gut, daß wir nicht einverstanden gewesen wären. Wir achteten auf den Fernsehkonsum unserer Kinder und wählten sorgfältig aus.

Der Kinobesitzer war Tadesse vom Fußball bekannt. Ein junger Mann, Mitte Zwanzig, selbst Vater eines kleinen, zweijährigen Kindes, das manchmal mitgucken durfte auf dem Arm seiner Mama. Armes Kind.

Die Staatsanwaltschaft hat damals das Kino sofort geschlossen. Der Kinomann hatte einen Gerichtsprozeß wegen seiner unerlaubten Filmvorführungen. Ob er verurteilt wurde, weiß ich nicht. Und zu was auch? Überhaupt weiß ich nicht mehr über ihn.

Was wird, wenn ich ihm je begegne?

Ich möchte ihm eine Kohlezeichnung von Käthe Kollwitz zeigen:

Der Tod greift in eine Kinderschar.

Heute gibt's Ingera

Heute ist auch so ein heißer Sommertag.

War es Muttertag, Ostern oder Pfingsten? Ich weiß es nicht mehr. Zu den Feiertagen ließen sich die Kinder immer etwas Besonderes einfallen, um uns zu überraschen. An einem dieser Tage, Tadesse mag ungefähr im Grundschuljahr gewesen sein – es war ein herrlicher Tag –, standen wir morgens früh auf und freuten uns auf ein leckeres, gemütliches Sonntagsfrühstück.

Von unserem „Refugium", einem Anbau, ehemals Gerümpelboden, ein Pferd war vorher auch mal drin, mußten wir über den Hof, um ins Kinderhaus zu gelangen. Barney kam mir entgegenge-humpelt auf drei Beinen. Er war vor ein paar Tagen mit einer Pfote unter einen Traktor geraten und schwer verletzt.

Sinje tobte im Vorgarten rum mit der Bernhardinerin. Sie brachte ihr allerhand Kunststücke bei: „Mutti, komm schnell, Mona Lisa macht Männchen!" rief sie von weitem.

Leider konnte ich nur einen kurzen Blick auf Sinjes Dressurakt mit Mona Lisa werfen, denn aus der Haustür kamen dicke Rauch-schwaden, und es stank um so fürchterlicher, je näher ich kam. Schnell sprang ich die vier Stufen runter bis zur Tür. Sie stand offen. Im dicken Nebel sah ich Tadesse in der Küche hantieren.

„Tadesse, was ist los?" rief ich aufgeregt.

„Nichts ist los!" tönte es zurück.

„Guck, ich habe etwas Schönes für uns zum Frühstück geback-ken. Ingera."

Er stand jetzt vor mir mit einem großen Küchenhandtuch um den Bauch gewickelt, beide Hände steckten in viel zu großen Handschuhtopflappen. Er hielt mir wie ein gelernter Oberkellner eine Servierplatte vor die Nase mit einem Turm dicker, dampfen-der Pfannkuchen, teils angebrannt. Sie glänzten vor Öl.

„Ich hab' auch schon den Tisch gedeckt", sagte er stolz, „und Kaffee ist fertig."

Seine Augen strahlten. Kleiner Herzensbrecher.

„Jetzt weiß ich, wie Ingera geht. Einfach Mehl und Wasser nehmen. Ein paar Tage stehen lassen. Hab' ich in der Waschküche versteckt gehabt, den Teig. Dann ordentlich viel Öl in die Pfanne und backen. Meine Mutter in Afrika hat die immer gemacht. Fladen für reiche Leute. Sie war doch Ingera-Bäckerin, weißt doch. Sie hat kaum Geld gekriegt dafür, mußte immer arbeiten. Darum hatte sie keine Zeit für uns. Und satt geworden sind wir doch nicht, weil sie sowenig verdient hat."

Der Qualm biß mir in den Augen. Ich hustete. Dann rief ich Frerich: „Komm, es gibt heute Ingera!"

Der sagte nur „Oh!", als er kam.

Alle zusammen saßen wir um den runden Tisch. Der Kaffee schmeckte nach Tante Claras drittem Aufguß, lau und dünn, dazu Tadesses Ingera, ölig, mehlig und fett. Die Pfannkuchen waren fast einen Zentimeter dick und riesengroß. Er hatte die größte Pfanne verwendet.

„Ihr müßt das mit den Fingern essen", erklärte er dazu. Besteck fehlte sowieso.

„In Afrika gibt es dazu eigentlich noch Fleischsoße und Gemüse, das ganz scharf schmeckt. Günther sagt, Chili heißt das hier, was man da dran tut. Nach dem Essen brennt einem dann der Mund und der Magen. Aber das schmeckt vielleicht guuut!"

Hätten wir ehrlich sagen sollen, daß es uns nicht schmeckt?

Wir brachten es nicht übers Herz. Auch unsere anderen Kinder begehrten seltsamerweise nicht auf und kauten mit langen Zähnen Tadesses Ingera. Sinje nagte, Rona lutschte, Gudrun schmatzte, Tycho schluckte hastig große Bissen einfach runter. Gunnar brachte nichts runter. Er zerteilte die „Ingera" mit den Fingern und ließ vorsichtig Stück für Stück in die Hosentasche gleiten. Er hatte es unterm Tisch heimlich Barney geben wollen, aber der fraß es auch nicht. Ab und zu zuckte Gunnar zusammen, denn die Ingera war heiß an seinem Bein.

Als er nachher vom Tisch aufstand, lief ihm das Öl aus der Hosentasche die Beine hinab. Barney leckte es ab. Es triefte auch auf den Fußboden. Es muß ein kleiner Ölstausee gewesen sein in seiner Hosentasche. Zum Glück bemerkte Tadesse von alldem nichts.

Fröhlich futterte er sein erstes selbstgebratenes Gericht. „In Afrika schmeckt es ein bißchen anders", sagte er zwar, „so irgendwie säuerlich. Aber das kriege ich auch noch hin beim nächstenmal. Im Teig sind so kleine Bläschen, und wenn man es backt, sind lauter kleine Löcher drin. Mutti, weißt du nicht, wie das richtig geht?"

Nein, ich wußte es nicht. Ich nahm mir vor, mich sobald wie möglich um ein Ingera-Rezept zu bemühen. Das war nicht einfach, und ich bekam keines. Auch die Leute, die in Äthiopien waren, wußten nicht, wie Ingera hergestellt wird. Sie hatten nur davon gegessen.

Die erste richtige Ingera aßen Frerich und ich viel später, als Tadesse schon nicht mehr lebte. Sicher er im Himmel mitgegessen.

Herr Becker, der Michelbacher Pfarrer, und seine Frau hatten uns eingeladen, zu einem äthiopischen Gottesdienst in der Stuttgarter Paulskirche vorbeizukommen. „Es werden auch viele Kinder dabeisein", sagte er.

Ich hatte Angst, von meinen Gefühlen und von Trauer überwältigt zu werden, und wollte absagen. Es war ein Dreikönigsfest. Herr Becker ließ nicht locker, rief ein paarmal an und ermutigte mich. Er selbst verschob seine Predigt in Michelbach deswegen. Zu viert fuhren wir im Zug nach Stuttgart und nahmen an dem Gottesdienst teil. Ein äthiopischer Bischof begrüßte uns so herzlich, als wenn wir uns schon lange kannten und Freunde wären. Er hielt auch die Predigt. Die Sprache war uns völlig fremd, und wir waren die einzigen Weißen. Ich dachte über Tadesses Mut nach, sich nach Deutschland adoptieren zu lassen. Ja, so war es. Er selbst hatte in Äthiopien seine eigene Adoption betrieben. Er wollte nach Deutschland, was immer das auch für ihn gewesen sein mag. Wenn die Entwicklungshelfer ihn hinten rausschmissen, war er vorn wieder reingekommen, hatte weder der Schule noch seiner Mutter einen Besuch abgestattet und wollte nach Deutschland. Wie war ihm wohl zumute unter all den Bleichgesichtern, als er am Tag nach seiner Ankunft erwachte?

In den vorderen Reihen der Kirche saßen viele Kinder mit ihren Müttern. Manche liefen herum. Babys wurden gestillt und gewickelt, größere Kinder knabberten leise Kekse. Niemand störte sich daran. Der Bischof war von sehr kräftiger Statur, trug ein langes lila Gewand und ein goldenes Kreuz auf der Brust. Er sprach mit tiefer, dunkler Stimme und strahlte viel Liebe aus. Auf der Stirn zwischen den dichten Augenbrauen trug er ein Mal, vielleicht eine Narbe, dachte ich, vielleicht ein drittes Auge. Trommeln und fremdartige, wunderbar klingende Musikinstrumente begleiteten den Gottesdienst. Es war unser erster Gottesdienst nach Tadesses Beerdigung.

Wir waren tief berührt und bekamen von dem äthiopischen Bischof das Abendmahl. Er war aus Rom, aus dem Vatikan.

Man traf sich nach der Liturgie noch in den hinteren Räumen zum gemeinsamen Essen. Und es gab Ingera. Das war ein Geschenk von Tadesse! Wir aßen vergnügt die Ingera mit den Fingern. Vorsichtshalber hatte man uns Besteck gebracht.

Der Fladen schmeckte tatsächlich säuerlich und hatte kleine

Löcher an der Oberfläche. Wir tauchten ihn in verschiedene Gemüsebeilagen, die es dazu gab. Es wurden auch Fleischbeilagen angeboten.

Mittels Dolmetscher erklärten mir ein paar Äthiopier, wie Ingera gemacht wird. Inzwischen habe ich es oft schon selbst zubereitet.

Das ist das Ingera-Rezept von diesem Tag:

Zu gleichen Teilen Maismehl, Maisgrieß und Mehl mischen, entsprechend der Menge Hefe hinzugeben, alles mit Wasser glattrühren, bis ein Pfannkuchenteig entsteht. Stehenlassen, jeden Tag Wasser nachgießen und umrühren. Der Teig gärt. Nach 5–6 Tagen bei mittlerer Hitze in der Pfanne mit etwas Öl ausbacken.

Dazu: Spinat mit Chili und Pfeffer, alle Gemüse werden ebenso scharf gewürzt. Oder man macht Rindfleisch-Gulaschsauce mit Chili. Wichtig: immer mit viel Chili.

Guten Appetit!

Das Fest in der Kirche

Tadesses „Vorschulzeit" war nur sehr kurz, gut drei Monate. Eigentlich hatten wir vor, ihn erst im kommenden Schuljahr einzuschulen, er aber sprach in der kurzen Zeit fließend Deutsch. Darum schickten wir ihn dann auch in die Schule. Alle wunderten sich über seine Sprachbegabung. Fehlten ihm einmal die Worte, so war er der beste Schauspieler, jeder Taubstumme hätte ihn verstanden! Vor Schulbeginn waren viele aufregende Geschichten passiert, er schlug sich das Loch in den Kopf, durchlebte und durchbebte die Polizistengeschichten, zitterte nachts auf der Autobahnfahrt nach Ostfriesland, wo wir unser Traumhaus nicht bekamen, weil er schwarz war. Und er gewann auch einen Freund: Pfarrer Becker aus Michelbach.

Schon vor Tadesses Ankunft hatte er die Adoption begleitet. Er schrieb auch einen Bericht über unsere Familie, in dem er die Adoption befürwortete. Das alles, obwohl wir keine Kirchenmitglieder waren.

Er lud gleich Tadesse persönlich zum Kindergottesdienst ein.

„Brot für die Welt"-Plakate waren zu anstößig, sie durften nicht in der Michelbacher Kirche ausgestellt werden. Dagegen protestierten Kirchengemeinderäte und Michelbacher Bürger beiderlei Geschlechts aufs schärfste. Pfarrer Becker hing seine „Brot für die Welt"- Poster mit Wäscheklammern an eine Wäscheleine, vor der Kirche entlang bis zum Portal. So kam niemand daran vorbei, ohne wenigstens einen Blick auf das Kinderelend zu werfen. Pfarrer Becker, der beherzte Pfarrer aus Michelbach an der Bilz, ja, er verstand Tadesse.

Im Kindergottesdienst hatte er zur Begrüßung lange seinen Arm um ihn gelegt, als Tadesse das erstemal dort war. Und er hatte Tadesse liebevoll als seinen äthiopischen Freund den Kindern des Dorfes vorgestellt. Und er hatte ihnen viel von Äthiopien berichtet.

Der große Pfarrer Becker und der kleine Tadesse waren Freunde. Und sie sind es auch noch, obwohl Tadesse in den Himmel ging und Pfarrer Becker nach Stuttgart-Bad Cannstatt. Wenn sie einander begegneten, strahlte Pfarrer Becker Tadesse an, und Tadesse strahlte zurück. Beider Augen leuchteten. Er beugte sich hinunter zu Tadesse und sprach sanft und freundlich mit ihm. So war es immer, wenn die zwei sich trafen. Pfarrer Becker schützte Tadesse während seiner Lebensjahre in Michelbach. Und Tadesse wußte: Herr Becker ist mein Freund. Darauf war er besonders stolz.

Wenige Wochen vor seinem Tod sagte Tadesse zu mir: „Mutti, ich möchte getauft werden", und ich sagte: „Warte noch ein bißchen, wenn das neue Haus fertig ist, machen wir ein schönes Fest. Dann wirst du getauft. Von Pfarrer Becker."

Wenige Tage vor seinem Tod stand Tadesse im Wohnzimmer. Er stützte sich mit beiden Händen auf den Eßtisch: „Mutti", sagte er, „eigentlich brauche ich nicht mehr getauft zu werden."

Ich sagte: „Ja warum nicht, wir wollen doch ein schönes Fest haben, deine Taufe im neuen Haus."

Er schaute mich sehr, sehr traurig an und sagte nichts.

Ich verstand das damals nicht. Tycho war als einziges unserer Kinder getauft worden. Im Schleswiger Dom. Kurz nach Tadesses Tod ließ Gunnar sich taufen. „Anstelle von Tadesse", sagte er. Tycho und Gunnar ließen sich konfirmieren, im Jahr darauf. Später wollten auch Rona und Sinje getauft und konfirmiert werden. Alle Kinder bei Pfarrer Peter Becker in Michelbach. Dank Tadesse.

Das neue Haus, ein Fertighaus, hatte Tadesse noch kommen sehen, zugeguckt, wie es abgeladen wurde, morgens um 5.00 Uhr, vor Schulbeginn. Der große Keller war schon hochgemauert.

Das große Fest war dann seine Beerdigung. Er hatte selbst bei Pfarrer Becker noch seine Taufe angekündigt.

„Das wäre mein schönster Tag in Michelbach geworden", sagte Herr Becker in seiner Beerdigungsrede: „Tadesses Taufe."

Tadesse hatte schon einmal von einem großen Fest berichtet, dem einzigen Fest seines damaligen Lebens in Afrika. Das Fest war die Beerdigung seines Vaters. „Alle trugen gute Kleider, und es gab viel zu essen. Richtig satt für alle. Es gab Ingera. Kirche war ganz schööön, und er ist jetzt im schööönen großen Garten bei der Kirche."

„Man hat die Angst noch lange in sich drin"

Er schilderte uns auch lebhaft den Tod seines Vaters. Mit nur wenigen Worten deutsch, mit Puzzleteilen, Wolldecken, zusammengeschobenen Sesseln und Stühlen baute er ein afrikanisches Haus in unserem Wohnzimmer. Die Puzzleteile lagen verstreut auf den Wolldecken, die über die Sessel und Stühle gebaut waren.

„Afrikanisches Haus nicht fest wie deutsches Haus", sagte er, „Loch überall." Ein Puzzleteil hielt er ans Auge. „Das ist Loch", sagte er und verteilte die Puzzlestücke über das ganze „Haus".

Er verschwand darin, kuschelte sich ganz hinein mit einem Kissen und einer Puppe. Schnarchte laut. Dann erklärte er: „Mama und Nunu schlafen", kroch vorsichtig raus aus seiner Hütte.

„Dann kommt Polizei", rief er, schaute sich dabei ängstlich um. „Wo ist der Mann?" Schulterzucken. Weiß nicht. „Andere Kinder sagen: ‚Da im Haus!' Polizei gucken durch Loch in Wand. Nehmen Pistole und schießen. Peng, peng päääng. Vater tot. Huhuhuhu-hu." Er hielt die Hände vors Gesicht und weinte bitterlich.

Nach den Polizistenbesuchen hatte Tadesse sich einen dicken Holzprügel zugelegt, den er nach und nach zu einem Gewehr zurechtschnitzte, das ganze mindestens einen halben Meter lang.

Er trug das Gewehr den ganzen Tag mit sich rum. Es begleitete ihn, ohne Gewehr ging nichts mehr. Es lag vor der Klotür, wenn er sich dort aufhielt, vor der Badewanne, wenn er badete und vor seinem Bett, wenn er schlief. Anfangs schlief er nur auf dem Fußboden, dabei hielt er das Gewehr fest in der Hand, selbst im Schlaf.

„In Äthiopien wird viel geschossen nachts auf den Straßen, und man hat die Angst noch lange in sich drin", schrieb er in seinem Leserbrief an die ZEIT.

Einmal lag wieder das Gewehr vor der Klotür. Besetzt. Tadesse war drin. Plötzlich hörten wir heiseres Hilferufen und dann lautes Schreien: „Feuerlöscher! Feuerlöscher!" Natürlich dachten wir, aus irgendeinem Grunde würde es brennen im Klo, und rüttelten wild an der Tür. Die war fest verriegelt.

„Tadesse, was ist?"

„Feuerlöscher", brüllte er und hustete und hustete.

Da war es uns klar. Neben der Klotür hing ein großer Feuerlöscher. Es ist nicht ganz gefahrlos, mit so vielen experimentierfreudigen Kindern in einem wackeligen Holzhaus zu leben. Zur Vorsorge hatten wir einen Riesenfeuerlöscher angeschafft. Tadesse hatte auf dem Klo gesessen und an dem Feuerlöscher herumgespielt, er hatte dabei das Rad der Preßluftflasche in Gang gesetzt und damit die Katastrophe ausgelöst. Im Nu war er im dichten Staub eingenebelt, und zwar so schlimm, daß er in der Panik den Türriegel nicht mehr fand. Das Klo war ein sehr enger Raum. Ich versuchte die Klotür aufzurütteln, und Frerich lief raus in den Hof, zum Klofenster. Dort hatte noch bis vor wenigen Tagen ein Metallkasten gehangen mit einem schwarz-weißen Hasen drin. Vom Klo aus zu füttern, von draußen immer zu sehen. Ab und zu ließen die Kinder das Tier im Hof laufen. Einer der Hunde kam und jagte es. Er berührte es nicht. Der Hase war vor Schreck mitten im Galopp gestorben. Nur weil der Hasenstall nicht mehr vor dem Klofenster hing, konnten wir Tadesse gleich helfen.

Frerich brüllte: „Schmeiß das Ding aus dem Fenster."

Das klappte. Tadesse riß den Feuerlöscher von der Wand und wie eine Bombe flog er durchs Fenster. Im Nu war der Hof weiß. Wir atmeten erleichtert auf. Tadesse hätte ersticken können, wenn keiner ihn bemerkt hätte. Ihn selbst holten wir gleich hinterher aus dem Fenster mit runtergerutschter Hose.

„Nun bin ich ganz weiß", hatte er gesagt, denn er war mit weißem Pulverstaub überzogen wie mit Puderzucker.

Tadesse mußte wieder eine ärztliche Untersuchung über sich ergehen lassen, denn er hustete noch stundenlang nach dem Vorfall. Zum Glück hatten seine Lungen keinen Schaden genommen.

Schreckgeschichten vom OP

Das Essen war Tadesse anfangs das wichtigste von der Welt. Er konnte gar nicht genug bekommen, aß und trank auch noch das Viele alles durcheinander, Schokolade, Nudelsalat, Würstchen, Pudding, alle Käsesorten. Zwischendurch schlürfte er Cola, Fanta, Apfelsaft, er war nicht zu stoppen, so daß ihm manches Mal kotzübel wurde.

Wenn zum Essen gerufen wurde, kamen unsere anderen Kinder oft erst nach mehrmaligem Rufen endlich angetrödelt. Er war immer als erster zur Stelle. Im Sommer wurde bei fast jedem Wetter draußen gegessen in einer überdachten Gartenlaube.

Eines Tages hatte es Tadesse sehr eilig, wollte mit einem großen Sprung aus dem Laufen heraus seinen Platz am Eßtisch direkt erreichen, stürzte und schlug sich an der Tischplatte ein großes Loch in die Stirn. Es blutete heftig, er schrie entsetzlich. Wir fuhren sofort mit ihm ins Krankenhaus, ins Haller Diakoniekrankenhaus, das sogenannte „Diäkle". Wenn man dort aufgenommen wird, heißt das: „ins Diäkle neiliege".

Vorher hatten wir kurz mit dem diensthabenden Arzt der Chirurgie gesprochen, hatten ihm mitgeteilt, was passiert war, und gesagt, daß Tadesse noch fremd ist, und gebeten, er möge, bitte, behutsam sein.

Er war es auch. Doch Tadesse brüllte alle zusammen, Ärzte, Schwestern, Pfleger, alle kamen gerannt und redeten mit Engelsgeduld freundlich auf ihn ein, bis er dann schließlich im OP unter einer großen, runden, blauweiß grell leuchtenden Lampe lag und man ihm zu Leibe rücken wollte, um das Loch in der Stirn zu nähen.

Tadesse begann wieder ein mörderisches Geschrei und schlug

wild um sich. Alle waren ratlos. Sogar eine Schwester, die einen Kugelschreiber in der Hand hielt, erschreckte ihn zusätzlich, denn er hielt dieses Gerät für eine gefährliche Spritze.

Eine andere Schwester schlug vor, einen braunen Krankenbruder aus Uganda aus dem obersten Stockwerk zu Hilfe zu holen, damit er ein vertrautes Gesicht sähe und sich beruhige. Alle waren erleichtert über diesen Vorschlag, man telefonierte hin und her, erreichte schließlich tatsächlich irgendwo den braunen Bruder, der kam schleunigst herbeigeeilt und beugte sich über den brüllenden Tadesse, doch statt sich zu beruhigen, steigerte der sein Gebrüll ins Unermeßliche. Dann packten doch mehrere einfach kräftig zu, spritzten, nähten und versorgten die Wunde.

Frerich war die ganze Zeit dabeigeblieben, ich hatte das schon vorher nicht mit angucken können, ihn auch nicht trösten können, und war rausgegangen. Das Herz klopfte mir bis zum Hals, ich schwitzte vor Aufregung und Angst um Tadesse.

Endlich kam Frerich mit Tadesse an der Hand aus dem OP. Man hatte ihm einen großen Kopfverband verpaßt. Tadesse strahlte, und Frerich fiel in Ohnmacht.

Wir hatten einen lebhaften Briefwechsel mit Familie Klein, den deutschen Entwicklungshelfern in Äthiopien, die Tadesse dort so liebevoll umsorgt hatten und die ganzen Adoptionsformalitäten dort im Land durchgeführt hatten. Tadesse hatte dann bis zu seiner Ausreise bei ihnen gelebt. Wir berichteten in einem langen Brief auch von diesem Vorfall.

Sie schrieben zurück: Uns hat das gar nicht gewundert, daß Tadesse von dem Arzt aus Uganda nichts wissen wollte. Dunkle Haut ist Elend, Schmerz, Hunger, Schläge. So war sein Leben.

Wir hatten es ja selber gesehen. Seine Beine waren mit mehreren langen, breiten Narben versehen. Peitschenhiebe von Wächtern der Paläste der Reichen, wo er mit anderen Straßenjungen öfters um Geld oder um etwas Essen gebettelt hatte, waren die Ursache, erzählte er uns.

Auch von ihm selber erfuhren wir irgendwann, warum er im Diäkle damals so gebrüllt hatte: „Mutti, weischt, in Äthiopien, wenn einer eine Verletzung hatte, dann hat man einfach ein großes Eisen im Feuer erhitzt und zum Glühen gebracht – so richtig rot und heiß – und auf die Wunde gedrückt. Dann ist die

Haut verschmolzen, und nähen braucht man dann nicht wie hier, und später Fäden ziehen.

Und keimfrei" – Tadesse war inzwischen aktives Mitglied im Michelbacher Jugendrotkreuz und wußte, wovon er sprach – „war das dann auch. Und ich hatte so schlimme Angst, daß die große, helle Lampe im OP auf mich runtergelassen wird. Das da oben ist glühend heißes Feuer, dachte ich und wird mein Gesicht verbrennen."

An seinem Todestag kam Tadesse wieder ins „Diäkle". Tot.

Man versuchte noch Herz-Lungen-Wiederbelebung. Erfolglos. Es fielen sehr böse Worte über unsere Familie, die man nicht kannte. Es waren andere Ärzte als damals. „Wie kann man auch nur so ein Kind adoptieren? . . . Aus seiner Kultur herausreißen? . . . Das mußte ja schiefgehen . . .", bis eine Ärztin sagte: „Hört endlich auf! Ich bin mit dieser Familie befreundet."

Nach Tadesses Beerdigung kam sie mit einem schönen Blumenstrauß zu uns: „Ich habe auch einen Sohn in dem Alter, und ich habe gesagt, daß ich mit euch befreundet bin, nun will ich euch doch wenigstens kennenlernen . . ." Vor ein paar Jahren haben wir zusammen einen schönen Urlaub auf Mallorca verbracht.

Bei uns klingelte damals nur das Telefon. Ich nahm den Hörer ab. „Er ist tot", sagte ein Arzt lapidar. Mir fiel der Hörer aus der Hand. Stundenlang hing der Hörer so herunter. Bei mir stand Dr. Meyer. Er war vom Diäkle noch einmal zurückgekommen. „Machen Sie sich keine Vorwürfe", sagte er leise. Er stand ganz lange da bei mir und schwieg. Wie ein Engel, dachte ich.

Im Michelbacher Schloß ist ein Gymnasium mit Internat untergebracht. Unter den Internatsschülern fand Tadesse einen Freund. Tomi. Der hatte einen Klumpfuß und wurde auch oft gehänselt. Tadesse schrieb einen Brief an Tomi über seine Aufgaben beim Jugendrotkreuz:

„Lieber Tomi!

Am Wochenende war in Michelbach etwas los. Fußballspiele, Feuerwehraktionen und Kinderspiele. Aber auch wir hatten etwas beizutragen gehabt. Du weißt ja, daß wir im Jugendrotkreuz sind und viel zu tun haben.

Also nach der Fettexplosion, die die Feuerwehr machte, gingen wir auf den Platz, um die bei dem Unfall Verletzten (Geschminkten) zu verbinden und den Leuten klarzumachen, wie man so etwas richtig macht. Das machte uns Spaß und den Leuten bestimmt auch. Abends war ich ganz müde. Hoffentlich passiert so was nicht bei uns.

Also bis bald, schreibe mir auch mal
Grüßt Dich
Dein Tadesse"

„Gut, daß wir Desse haben"

„Ich Flipper", sagte Tadesse. Er saß draußen im Garten und spielte mit einer rostigen Zange und einem Eimer Regenwasser. „Delphin im Meer" hieß das Spiel. Die Zange lag dort rum, sie war zum Rausziehen und Reinschlagen der Krampen beim Zäunereparieren. In dem Eimer sammelten wir Regenwasser für Hunde und Ponies.

Die rostige Zange in der Hand tauchte er tief hinunter in den Eimer und ließ sie dann wieder hervorschnellen, daß es nur so spritzte. Vor dem Untertauchen öffnete er das Maul der Zange, atmete hörbar tief ein, schnappte es wieder zu, dann versank seine Hand schwungvoll mit dem Gerät tief im Wasser, um beim Auftauchen wieder das Maul zu öffnen und kräftig durchzuschnaufen.

Ich hing Wäsche auf, er war ganz in sein Spiel versunken. Und wieder tauchte „Flipper" in die Meeresfluten ...

Beim Zugucken war mir ein paarmal ein Wäschestück in den Dreck gefallen.

Tadesse bemerkte mich nicht. Manchmal schwamm Flipper auch in der Regentonne, da konnte er sich noch besser tummeln. Einmal fiel er ganz hinein, denn Flipper war ja eine rostige Zange und schwer. Nun mußte Tadesse selbst bis auf den Grund der Regentonne tauchen, um Flipper wieder heraufzuholen.

Ja, ich wußte es. Man konnte Tadesse kaum eine größere Freude bereiten, als schwimmen zu gehen. Rona und Gudrun waren auch zu Hause, der Kindergarten hatte Sommerpause. Und Tadesse ging noch gar nicht in die Schule. So fuhren wir oft morgens früh gleich nach dem Frühstück ins Schenkenseebad nach Schwäbisch Hall. Tadesse konnte schon ein paar Züge schwimmen, als er kam. Das hatte er bei Familie Klein in Addis gelernt. Auch Butsch und Gudrun freuten sich jeden Morgen aufs Herumplanschen im Schwimmbad. Das Schenkenseebad hat drei Schwimmbecken, ein tiefes für Schwimmer, ein mittleres für jüngere Schulkinder und ein flaches für Kleinkinder. Tadesse übte eifrig im großen Schwimmbecken, er wollte seine Schwimmkünste schnell verbessern. Er beobachtete gute Schwimmer und ahmte sie einfach nach. Und sein ehrgeiziges Üben zeigte schon bald Erfolg. Sehr schnell beherrschte er die wichtigsten Schwimmstile, Brust- und Rückenschwimmen, Kraulen und Schmetterlingsstil, und er tauchte quer durchs Becken eine längere Strecke. Vielleicht hatte er das Tauchen zu Hause im Eimer gelernt beim Flippern.

Tadesse schwamm sportlich und elegant. Später in der Schule bekam er dann den letzten Schliff und erwarb zahlreiche Urkunden.

Eines Morgens im Schwimmbad wurde Tadesse durch seine Aufmerksamkeit für Gudrun zum Lebensretter.

Ich hatte mit Rona und Gudrun ein paar Schwimmübungen mit Schwimmflügeln im mittleren Becken versucht und ließ sie dann noch eine Weile mit ihren Schwimmtieren – Delphinen – im kleinen Becken planschen. Tadesse übte im großen. Es war unter seiner Würde, eines der kleinen Becken auch nur zu betreten.

„Genug für heute", sagte ich zu Rona und Gudrun und holte die beiden aus dem Wasser.

Unsere Kleider hatten wir auf einer Bank abgelegt vor dem mittleren Becken. Ich gab Gudrun ihre Sachen und ein Handtuch und trocknete Rona ab. Tadesse kam auch angesprungen.

Zum Umkleiden hatte ich mich in ein großes Handtuch gehüllt und etwas abgewandt. Als ich mich wieder umdrehte, war Gudrun verschwunden. Wir suchten sie oft.

„Wo Gudrun?" fragte Tadesse ärgerlich. Es war ein besonders heißer, schöner Sommertag, und das Schwimmbad wimmelte vor Menschen.

Ich lief zum Planschbecken, um Gudrun zu suchen. Ich suchte auf der Wiese. Nirgends war das Kind zu erblicken. Beunruhigt zurück zur Bank.

In dem Moment rief Tadesse: „Da, Gudrun" und zeigte aufs Wasser. Ein Haarbüschel tauchte auf und zwei wild paddelnde, dünne Ärmchen. Tadesse sprang sofort ins Wasser und schleppte sie an den Rand. Das alles ging ruck-zuck. Gudrun schrie und spuckte Wasser, verschluckte sich, pustete. Das mittlere Becken war so tief, daß die kleine Gudrun darin versank. Als ich mich umdrehte, um mich anzuziehen, war sie abgesaust und hineingehopst. Viele Menschen waren im Wasser, besonders Mütter mit Kindern, sogar einen halben Meter neben Gudrun hopsten welche rum – aber niemand hatte das Kind bemerkt. Ich hatte auch über das Wasser geschaut, aber Tadesse hatte sie ausfindig gemacht. Tadesse legte Gudrun über seine Knie und steckte seinen Finger in ihren Hals. Das verschluckte Wasser lief aus ihrem Mund.

„Dreimal war ich schon unter", heulte Gudrun.

„Gut, daß wir einen Desse haben", bemerkte Butsch. Sie hatte die ganze Zeit über still und bewegungslos dagestanden.

„Gudrrun, keine Ohren da?" brüllte Tadesse jetzt Gudrun an.

Der Faustschlag

Manchmal ging Tadesse jetzt schon allein mit Freunden oder Nachbarsjungen ins Schwimmbad. Am Sonnabend hatten Frerich und ich noch einige Besorgungen zu erledigen, und wir setzten die großen Kinder für ein paar Stunden im Schenkenseebad ab. Als wir zurückkamen, sahen wir Tadesse nicht. Man konnte ihn ja immer leicht erkennen zwischen all den weißen. Die anderen Jungen kamen angerannt und sagten, daß Tadesse verletzt sei und der Bademeister sich um ihn kümmere. Tadesse lag matt auf einer Liege und hielt die beiden Hände auf den Magen. Er atmete schwer. Aber er lächelte, als er uns sah.

Tadesse war im Schwimmbad auf der großen Wiese gegangen. Nur gegangen. Ein junger Mann kam ihm entgegen. Wer er war, haben wir in der Aufregung nicht erfahren. Irgendeiner, dumm und stark. Der nahm die Faust und boxte Tadesse voll in den Magen und ging weiter.

Einfach so. Schlug ihm die Faust in den Magen und ging weiter. Ohnmächtig fiel Tadesse zu Boden, und der andere ging weiter.

Kinder hatten den Bademeister verständigt, und sie hatten Tadesse reingetragen.

Tadesse hatte niemandem etwas zuleide getan. Traurig nahmen wir Tadesse mit und brachten ihn zum Wochenendnotdienst: Diensthabender Arzt: Dr. Walter Meyer, Gynäkologe.

Und genau dieser Arzt würde später in Tadesses Todesstunde auch da sein.

Dr. Meyer tastete vorsichtig Tadesses Magen ab. „Es ist schon wieder in Ordnung", sagte er. Wir hatten ihm den Vorfall geschildert. Er sprach noch ein paar freundliche Worte mit Tadesse.

Als wir gingen, fragte er Tadesse noch: „Und, gefällt es dir hier?"

Tadesse sagte nur: „Mmm, mmmh."

Draußen vor der Tür meinte er: „Doktor lieb ... aber versteh nicht. Gefääält es dir? Was ist gefäääält? Ob uns was fäääält?

Doch, weil ich schwarz, fäääält was. Weißer Mann haut Tadesse in Bauch. Weil Tadesse schwarz. Fäääählt was? Tadesse fast tot! Wieder aufgewacht! Und lebt!"

Er nahm meine Hand. „Da fühl Tadesses Herz, es klopft."

Ich fühlte es kräftig schlagen. Ein Herz für Deutschland!, dachte ich. Ein Herz für Tiere! Ein Herz für Kinder!

Kein Herz für Tadesse?

Der Nothelfer

Ein paar Wochen später: Gudrun saß hinter Gittern und Tadesse wurde zum Helfer in der Not.

Gudrun hatte sich in einem Gerümpelraum hinter der Waschküche zu schaffen gemacht. Dort lag noch allerlei Zeugs von Vorbewohnern, die schon Jahre vor unserem Einzug ausgezogen waren. Aus diesem Raum sollte in nächster Zeit ein Badezimmer entstehen. Um ungestört herumstöbern zu können, hatte sie die Waschküchentür von innen verriegelt.

Butsch und Gudrun hatten mit Tadesse zusammen draußen gespielt. Plötzlich kam Tadesse in die Küche gestürzt, fragte aufgeregt: „Wo Gudrun?"

Wir suchten und riefen und schauten schließlich durch das vergitterte Waschküchenfenster. Und da sah ich die Bescherung:

Sie hatte sich Gesicht, Hände, Klamotten und den Mund voll mit irgendwas geschmiert. „Ofenrohrfarbe", schoß es mir durch den Kopf, und ich erschrak bis in die Zehenspitzen. Ich rannte zur Waschküchentür, wollte sie öffnen, doch sie war von innen verriegelt. „Gudrun, mach auf!" schrie ich. Aber Gudruns kleine Finger bekamen den verklemmten Riegel nicht wieder auf. Tadesse stand voll Schreck daneben und begriff die Situation sofort. „Durch Fenster!" sagte er. Ob er dabei an den Feuerlöscher und seine eigene Rettung gedacht hat, weiß ich im nachhinein nicht mehr. Aber das liegt wohl nahe. „Mach Fenster auf, Gudrun", brüllte Tadesse. Gudrun kletterte auf die Bank vor dem Fenster. Vorher hatte Tadesse schon schnell einen Hammer besorgt und erfolglos gegen Tür und Schloß gedonnert. Es war eine dicke Haustüre, Schloß und Riegel verrostet, vor dem Fenster senkrechte Eisenstäbe, etwa 15 cm Abstand voneinander. Gudrun war gerade drei Jahre alt, ein winziges Kind, wie ein Püppchen.

Es gelang Tadesse und mir gemeinsam durch die Gitterstäbe hindurch Gudrun störende Kleidungsstücke abzustreifen und sie dann vorsichtig schiebend, ziehend und drehend durch die Stäbe hindurch zu befreien. Am schlimmsten war es, den Kopf hindurchzubekommen, wir fürchteten schon, daß sie mit dem Kopf steckenbleiben könnte – doch was blieb uns übrig, wir mußten es versuchen, und es klappte. Wie durch ein Wunder paßte der Kopf millimetergenau hindurch. Gudrun hatte sich in aller Seelenruhe „schön" gemacht. Fußnägel und Fingernägel versilbert, den Mund bemalt und auch von dem Zeug geschluckt, Zunge und Zähne glänzten silbrig. Ich zitterte am ganzen Körper, was hat sie nur genommen? Nachsehen konnte ich nicht, denn die Tür war ja verschlossen. Tadesse hatte Gudrun gepackt, über seine Knie gelegt und seine Finger in ihren Hals gesteckt. Dazu rüttelte er sanft mit einem Knie gegen ihren Magen. Gudrun würgte, und etwas silbrige Flüssigkeit ergoß sich über Tadesse.

„Mutter in Afrika macht so", erklärte er mir. Kurz bat ich Tadesse, nach Rona zu sehen, denn ich mußte sofort mit Gudrun ins Krankenhaus. Und Tadesse wollte ich einen neuen Krankenhausbesuch nach Möglichkeit nicht zumuten.

Er war sehr lieb mit kleinen Kindern. Er konnte stundenlang spannende Geschichten erzählen und die „Kurzen" – so nannte

Tycho die beiden Kleinen – mit allerlei Schabernack und Spaß unterhalten. Er hatte Freude daran, mit den Kleinen zu spielen, und er war ein sehr zuverlässiger Babysitter.

Gudrun geschnappt, ins Auto und los! Ins wohlbekannte „Diäkle". Es wurde die schnellste Autofahrt meines Lebens. Von Michelbach nach Schwäbisch Hall, rauf zum Krankenhaus. Es liegt hoch auf dem Berg und ist sehr schlecht zu erreichen. Der diensthabende Arzt der Unfallaufnahme sah mich verwundert und vorwurfsvoll an. Statt Hilfe erst mal Vorwürfe und eine Predigt, wie man auf kleine Kinder aufzupassen hätte. Und mit Blick auf meine Birkenstock-Sandalen. Kein Wunder, wenn die Mutter sich die Fußnägel rot lackiert.

„Was das Kind getrunken hat? Weiß ich nicht, ich kam nicht zur Tür rein ..."

„Das muß ich aber wissen. Fahren Sie sofort nach Hause, und besorgen Sie mir die Flüssigkeit! Sonst können wir nichts machen."

Ich zurück nach Hause mit einer Affengeschwindigkeit. Die brüllende Gudrun zurückgelassen bei dem Doktor.

Mit Butsch auf dem Arm hatte Tadesse im Dorf irgendwo den Dorfschmied aufgetrieben, die Tür war offen, als ich mit rasendem Herzklopfen zurück kam.

„Danke, Tadesse!"

Er zeigte mir das Mittel, eine uralte Tube silbrigen Schuhfärbemittels. Ich rief im Krankenhaus an: „Keine Ofenrohrfarbe – silbriges Schuhfärbemittel."

„Wir brauchen das Rezept!" sagte unerbittlich der Arzt. „Verstehen Sie nicht, die Zusammensetzung!" und legte auf.

Ich war dem Heulen nahe. Eri-Schuhfabrik stand auf der Tube. Zum Glück kam Frerich grad jetzt von Heilbronn zurück. Und er machte telefonisch den Geschäftsführer der Schuhfabrik Eri in Holland ausfindig. Der ging am Wochenende in die Firma, suchte nach den alten Rezepten, und er fand sogar, was wir brauchten. Wieder herumtelefoniert. Rezepte an Vergiftungszentrale Berlin und Freiburg gegeben, die an unser Krankenhaus telefonierten, welches Gegenmittel einzunehmen war. Irgendein Öl, ein ekelhaftes Öl mußte Gudrun im Krankenhaus trinken. Mengenweise.

Sie blieb dort drei Tage.

Drei Tage silbrige Scheiße, ein leichter Schatten auf der Lunge, sonst war alles noch mal gutgegangen.

Tadesse bekam ein dickes Lob für seine Hilfsbereitschaft und seinen vorbildlichen Einsatz und ein schönes Kinderbuch. Tage später wollte ich nur schnell noch etwas Salat zum Mittagessen besorgen, nahm nur Butsch mit und bat Tadesse, eben auf Gudrun aufzupassen. Die war nämlich inzwischen ein richtiger Feger, man durfte sie wirklich keinen Moment aus den Augen lassen.

Als ich zurückkam, traute ich meinen Augen nicht: Gudrun hopste auf einem Bein im Kreis herum wie ein Zirkuspony. Das andere Bein war mit einem dicken Strick fest angebunden und vertäut an einem Zaunpfahl. Gudrun war munter, summte und sang ein Lied und hopste im Kreis: „Weißt du, wieviel Sternlein stehehen / an dem blauhauhen Himmelszelt ... / Weißt du, wieviel Wolken gehehen / in die weite, weite Welt. / Gott der Herr hat sie gezääähälet, / daß ihm auch nicht eines fehelet, / kennt auch dich und hat dich liehieb ..." Und Tadesse stimmte ein ... „kennt auch dich und hat dich lieb".

Schnell befreite ich Gudrun. An ihrem Bein hat sich das Tau dick rot abgedrückt.

Ich sah ihn fragend an: „Keine Ohren da", sagte er, „sie ist immer fortgelaufen. Tadesse soll aufpassen. Sie will nicht hören Tadesse. Mutter in Afrika macht so mit Nunu. Nichts passieren so."

„Keine Ohren da" ist seit dieser Geschichte in den Familiensprachgebrauch eingegangen und wird in entsprechenden Situationen scherzhaft noch immer zitiert.

Kung-Fu oder Die Angst vor dem Leben

Und so war es mit Tadesse: in Afrika Angst vor dem Sterben, in Deutschland Angst vor dem Leben. Jeden Tag, der ins Land ging, zeigte sich das mehr. Als Tadesse schon nicht mehr am Leben war, fanden wir in seinen Sachen ein „Kung-Fu-Heft". Kung-Fu – eine orientalische Kampfkunst der Selbstverteidigung, die „Abenteuer der Unbezwingbaren". Ausgefüllt, aber nicht abgeschickt hatte er einen Bestellschein über die „Geheimnisse der Kung-Fu-Selbstverteidigung" zum Preis von DM 29,50.

„Ich zahle bar", hatte er angekreuzt.

„Kaufpreis zurück erhält jeder, der nicht entsprechend der 3-fach-Garantie zufrieden ist. 3-fach-Garantie:

1. Sie müssen mit den Geheimnissen von Kung-Fu vollauf zufrieden sein;

2. Kung-Fu darf Sie niemals im Stich lassen, d. h., daß Kung-Fu Ihnen helfen muß, jede bedrohliche ‚Begegnung' in einen Sieg zu verwandeln;

3. Kung-Fu muß Ihnen ein Gefühl von Sicherheit und Selbstbewußtsein geben, das Sie nie zuvor gekannt haben.

Kung-Fu muß all diese Anforderungen für Sie erfüllen, oder Sie können den Kursus jederzeit zurückschicken und erhalten dann den Kaufpreis ohne irgendwelche Fragen erstattet.

Urteilen Sie selbst ... kann man noch fairer sein?"

Er unterschrieb „Ja, ich bin überzeugt von Ihrem Ohne-Risiko-Angebot mit 3-fach-Garantie und möchte die Kung-Fu-Selbstverteidigungsmethode erlernen", und fettgedruckt, wie das „Ja" am Anfang, „um mich und meine Lieben jederzeit schützen zu können". Feingedruckt: „Schicken Sie mir ..."

Wen wundert Tadesses Bestellung!

Die ständigen Angriffe wegen seiner schwarzen Kraushaare und seiner dunklen Hautfarbe nahmen ihm schnell die neugewonnene Lebensfreude. Tadesse war eine richtige Frohnatur, dreizehn Monate Sonnenschein, wie ein äthiopisches Wort sagt.

Beschimpfungen, Beleidigungen, Spott. Daß er lächerlich gemacht wurde, das war Tadesse jeden Tag so sicher wie anderen die täglich frischen Brezeln.

Nahrung für den Körper, Nahrung für die Seele.

Auch die schönen Begegnungen und erfreulichen Erlebnisse menschlicher Zuneigung und Liebe konnten das nicht aufwiegen. Das Gemeine wog schwer wie Blei.

„Eh, Schwarzer, komm, Schwarzerle, zeig, was du kannst! Pfui, Nigger, Buschneger, Niggerschwein, schwarze Sau."

Besonders schmerzte es Tadesse, wenn sogar Freunde ihn im Streit „Schwarzwurst" nannten.

Wildfremde befummelten ihn, nicht nur in den ersten Tagen, wollten ihn streicheln, seine Haare anfassen, erleben, „wie sich ein Neger anfühlt".

An manchen Tagen ertrug er diese Annäherungsversuche geduldig und lächelnd.

An anderen Tagen wehrte er wütend ab, schlug manchen Leuten auf die Finger, verteilte auch mal eine schallende Ohrfeige.

„Tadesse kein Affe", sagte er; dann war die Empörung der Leute groß. Vor der Kirche drehte sich einmal eine Frau mittleren Alters nach ihm um: „Ach, hat der schlanke Hüften", schwärmte sie. „Ach, ist der exotisch", sagte eine andere. Seinen Hungerbauch sahen sie nicht.

Zu all dem hinzu kamen noch viele negativen Kräfte durch böse Gedanken so mancher Mitmenschen. Sie schwiegen vornehm, wenn sie Tadesse sahen, aber es ging keine Wärme von ihnen aus, eher ein Kalte-Schulter-Zeigen. Was will denn der hier bei uns? Später nimmt er unseren Töchtern und unseren Söhnen den Studienplatz. „Zum Geburtstag einladen darfst du ihn meinetwegen, aber heiraten nicht", sagte eine Mutter ihrer sechsjährigen Tochter. Und Tadesse machte eine „Umfrage" bei den Mädchen in der Klasse, Erstkläßler. „Fast alle dürfen mich nicht heiraten, weil ich schwarz bin", sagte er. „Die Eltern haben etwas dagegen."

Auch das Stillschweigen tat weh, und Tadesse spürte es schmerzhaft.

Manche spuckten vor ihm aus, und manche spuckten ihn an. Große und kleine Leute.

Und gehen nicht viele so durchs Leben? Die meisten Menschen manipulieren andere. Bist du so wie ich, bist du okay. Wenn du schwarz bist und nicht wie ich, nicht weiß, dann bist du nicht okay. So einfach ist die Moral. Allmählich verlierst du den Mut zu dir selbst, wenn du anders bist.

So ging es auch Tadesse.

Begegnungen mit feinen Damen

Manchmal „rächte" sich Tadesse für besonders arrogantes Verhalten auf seine besondere Weise.

Es war an einem Spätnachmittag, kurz vor Weihnachten. Schon fast dunkel draußen. Rona und Tadesse waren allein zu Hause. Vom Küchenfenster aus sah Tadesse eine Dame kommen. Mit kleinen Schritten kam sie herangestöckelt. Sie trug ein edles Kopftuch, kunstvoll um den Kopf geschlungen, denn es war nebelig feucht, und die Frisur durfte nicht leiden, und einen langen Mantel. Ihre Absätze versanken in unserem matschigen Boden. Nach jedem Schritt putzte sie mit einem Taschentuch den Dreck wieder runter. Sie trug die Nase sehr hoch. Meine Oma sagte früher zu Damen dieses Typs: „Sie hat ihren Geburtsschein verloren." Sie gehörte zweifelsohne zur „feinen Gesellschaft" unseres Dorfes, und das sah man schon von weitem. Frau von Ottenab nannten wir sie, nach der Siedlung, in der sie wohnte. Frau von Ottenab trug eine Sammelbüchse in der Hand für irgendeinen guten Zweck. Man mußte es ihr hoch anrechnen. Sie ging in Michelbach von Tür zu Tür mit einer Sammelbüchse in der Hand für irgendein gutes Werk.

Hochnäsige Damen konnte Tadesse hervorragend nachäffen. Und er hatte sie in sein Herz geschlossen. Wie diese.

Sie stöckelte also heran. Tadesse rief Rona. „Butsch, komm schnell, da kommt eine alte Hutz! Geh du zur Tür. Ich trau' mich nicht."

Die „alte Hutz" war noch recht jung.

„Butsch, du mußt mir helfen. Sag ihr, sie soll verschwinden. Bitte."

Rona schaute Tadesse sehr nachdenklich an. Schon klopfte es an der Tür. Rona zögerte. Tadesse gab Rona einen leichten Schubs. „Los, geh jetzt! Sag, sie soll abhauen!", und er versteckte sich hinterm Schrank in der Diele. Rona ging. Sie öffnete mutig halb die Tür und sagte mit ernster Miene und fester Stimme:

„Verschwinde, alte Hutz!" und schlug die Tür wieder zu.

Noch als wir eine Viertelstunde später nach Hause kamen, wälzte sich Tadesse brüllend vor Lachen auf dem Boden in der Diele. Und Rona verstand nicht, warum Tadesse so lachte.

Frau von Ottenab war beleidigt davongerauscht, und sie hatte sogar vergessen, nach jedem Schritt ihre Absätze abzuputzen.

Eine andere Begegnung mit einer noch feineren Dame. Sie schien sich vor lauter Vornehmheit selbst nicht mehr zu kennen und wirkte ein wenig wie Überdruß mit Himbeersoße. Sie besaß einen nagelneuen, flotten Landrover. Tadesses Traumauto! Stolz kurvte sie damit herum, selbst kleinste Wege wurden selbstverständlich mit dem Wagen zurückgelegt. „Hausmädchen muß Eingekauftes rauftragen, muß laufen", sagte Tadesse, „gnädige Frau fährt Auto!"

Eines Tages, es war ein Spätsommer, wartete sie vor der Schule mit dem neuen blitzeblanken Landrover auf ihren Sohn Klaus. Klaus war Tadesses Klassenkamerad. Beim Anblick des Wagens erinnerte sich Tadesse wehmütig an den Landrover, mit dem er in Afrika in Addis mit den Kleins so oft fahren durfte. Er schlich um das Auto herum. Die Dame guckte stur geradeaus und beachtete ihn nicht. Endlich faßte Tadesse sich ein Herz und klopfte schüchtern an das Wagenfenster, hinter dem die Dame saß. Und er fragte leise und mit banger Stimme: „Bitte, darf ich mitfahren?" Sie hatte den Fensterspalt ein wenig geöffnet und lächelte auf ihn herab. „Nein!" sagte sie, „ich fahre leider woanders hin, nicht nach Hause."

Traurig schlich Tadesse von dannen. Er drehte sich noch einmal um. Klaus kam angesprungen und stieg zu seiner Mutter in den Landrover. Sehnsüchtig schaute Tadesse dem aufjaulenden Fahrzeug nach.

Wieder einmal kam Tadesse voll Zorn zu mir in die Küche gestampft: „Mutti, sie hat mich angelogen. Die Mutter von Klaus. Die lügt!" rief er empört. „Sie ist gar nicht woanderst hingefahren! Sondern gleich nach Hause." Er rollte mit den Augen und stampfte mit dem Fuß auf. Er hatte eine Berserkerwut.

„Denselben Weg, wie ich laufe, ist sie gefahren, den Berg rauf! Und zu mir hat sie gesagt: ‚Tadesse, ich kann dich leider nicht mitnehmen. Leider muß ich woanderst hin.'" Dabei äffte er in hohem Ton ihre Stimme nach.

„Sie will mich bestimmt bloß nicht mitnehmen, weil ich eine braune Haut habe. Sie schämt sich wegen mir. Sie ist eine Dame, und ich bin ein Nigger. Das hat mir Klaus auch schon oft genug gesagt, daß ich ein Nigger bin. Mutti, ich will sie beobachten, ob sie noch wegfährt."

Tadesse wollte es genau wissen, ob sie noch „woanderst" hinführe oder nicht. Stundenlang versteckte er sich in der Nähe ihres Hauses. Immer den heißgeliebten Landrover im Auge.

Als er nach Hause kam, hatte er sich noch immer nicht beruhigt. „Siehscht, Mutti, sie hat gelogen. Sie ist nirgends woanderst hin. Der Landrover hat die ganze Zeit da geparkt." Er wirkte ein wenig erschöpft.

„Mutti, gibt es heute abend wieder Belohne?" fragte Tadesse zwischendrin und zeigte auf die dicke Melone, die auf dem Küchentisch lag. Melone zur Belohnung = Belohne. Er brauchte wohl ein Trostpflaster. Ja, es gibt Belohne. „Die blööde Kuh hat einen Super-Landrover. Und nimmt mich nicht mit! Nicht mal das kurze Stück! Ich wollte sooo gern mitfahren! Mutti, hoscht recht, die dummste Baure haben immer die dickste Kartoffeln."

O schwäbische Neuzugezogene. Reingeschmeckte.

„Mutti, weischt, ich versteh' das nicht, die geht immer ins Bräunungs-SSStudio, sagt Klaus, dann läßt sie sich eine halbe Stunde lang voll brutzeln. Vorher war sie bleich wie Tempotuch und kommt knackebraun wieder raus. Nicht kackebraun wie ich, sagt Klaus. ‚Knackebraun!' Dafür bezahlt sie Geld. Das kostet vielleicht viel. Mindestens ein paar Märker. Mutti, weischt, was das kostet? Nur für braun werden zahlt sie das. Und dann schminkt sie sich dick-rote Lippen und pechschwarze Wimpern und malt schwarz um ihre Augen rum und dann noch blau-violosa (violett-rosa) und dann noch Puder drauf auf alles. Daß sie nicht glänzt. Abends wäscht sie die ganze Farbe wieder ab. Vielleicht braucht sie Benzin dafür. Hat sie ja auch am Landrover großen Reservetank.

Mutti, warum will die braun werden, wenn sie braune Haut gar nicht mag? Neulich ist sie fast verbrutzelt, sagt Klaus und bald so braun geworden wie ich. Ich versteh' nicht, braune Haut von Brutzel-Studio ist schöön und kostet Haufen Geld. Braune Haut von lieben Gotts nicht schön und kostet nix. Mutti, warum?"

Ich streichelte Tadesse sanft übers Haar und gab ihm ein großes Stück „Belohne".

„Mutti, stimmt's", fragte er noch, „braune Lady spinnt?"

Trauriges vom lieben Gott

Eines der ungezählten Gespräche mit Tadesse vor dem Mittagessen, zwischen Herd und Spüle, zwischen privaten Telefonanrufen und nicht privaten dienstlichen vom Büro aus Heilbronn –

„Sagen Sie Ihrem Mann ...", „können Sie ihm ausrichten ...", „er möchte ... anrufen": zwischen Linsen und fast übergekochten Spätzle, zwischen grünem Blattsalat und duftendem Zitronenpudding auch noch schnell einen Topfkuchen in den Herd, der Traditionskuchen nach Omas Rezept.

Gleich würden alle hungrig wie die Wölfe aus der Schule kommen. Meist war dann das Essen fertig und der Tisch gedeckt. Heute war ich spät dran. Tadesse war als erster schon zu Hause und hatte sich wie immer in der Küche eingefunden.

„Kannst du schon schnell den Tisch decken?" fragte ich Tadesse. „Was ich? Ja gleich", sagte er. „Erst muß ich dich noch was furchtbar Wichtiges fragen."

„Was ist so furchtbar wichtig?" fragte ich ungeduldig. „Kannst du mich das nicht nachher fragen, ich bin doch gerade beim Kochen!" Seine tiefsinnigen Fragen kannte ich nur zu gut.

Neulich, da hatte er gefragt: „Mutti, wenn eine schwarze Hündin – wie Binna meinetwegen – einen anderen Hund heiratet – so einen weißen Pudel meinetwegen –, dann gibt's doch schwarze, weiße oder bunte Hunde. Ich meine schwarze Scotchterrier mit weißen Flecken oder weiße Pudelhunde mit schwarzen Flecken oder Pudelscotche oder Scotchpudel. Und wie ist es bei den Menschen? Meinetwegen heiratet ein schwarzer Mann eine weiße Frau oder umgekehrt meinetwegen. Und die Kinder sind dann schwarz oder weiß. Warum sind die nicht buntgefleckt? Mutti, gibt's da nicht wie bei Hunden weiße Menschen mit schwarzen Flecken wie Barney und Moni oder schwarze Menschen mit weißen Flecken?"

„Nein, Tadesse, das gibt es bei den Menschen nicht."

„Aber warum gibt es das nicht?"

Was soll man darauf antworten? „Tadesse, ich muß das Essen kochen", wiederholte ich energisch.

„Ja eben", sagte Tadesse, „da hast du doch Zeit! Ich habe doch bloß eine furchtbar wichtige Frage: Sag mir nur schnell, warum du nicht an Gott glaubst!"

Ich fühlte mich irgendwie erwischt, wie die Kinder das nannten, und leicht in die Enge getrieben, denn ich ahnte, er würde nicht lockerlassen. Tadesse trat einen Schritt auf mich zu und pflanzte sich vor mir auf.

„Doch weißt du es!" sagte er.

„Gut", sagte ich genervt. „Also, irgendwann habe ich aufgehört, an Gott zu glauben, warum weiß ich nicht genau."

„Doch weißt du es!" behauptete er.

„Also gut, ich will es dir verraten. Ich glaube nicht an Gott, weil er das ganze Elend auf der Welt zuläßt, weil so viele Menschen so schlimm leiden müssen, und vor allem nicht, weil der liebe Gott in Afrika viele Kinder verhungern läßt. Er kümmert sich einfach nicht darum. Es gibt ihn eben nicht."

„Aber ich glaube fest an den lieben Gott, und ich bin beinah fast verhungert in Afrika. In Afrika, da würde ich schon nicht mehr leben."

„Da siehst du es, darum gibt es ihn nicht, und darum glaube ich auch nicht an ihn."

„Aber der liebe Gott hat mich zu euch gebracht, damit ich nicht verhungern muß in Afrika. Manchmal, da fühle ich mich ganz schlecht, weil Mutter in Afrika und Baby und Freunde in Afrika niiie satt und ich jetzt immer satt."

Sein Magen knurrte hörbar. „Die haben Bauch leer wie ich vor Mittagessen. Bauch knurrt immer in Afrika. Arme Mutter in Afrika!"

Tycho, Sinje und Gunnar kamen jetzt in die Küche gestürmt, sie warfen ihre Schultaschen hin, lachten und stritten, wer sie wegräumen sollte, damit der Weg frei würde zum Tischdecken. Gleich hinterdrein marschierten Butsch und Gudrun rein. Und: „Hallo, alle da?" rief Frerich in der Tür. Oft hatte er die Kinder mit dem Wagen irgendwo aufgelesen und brachte alle zusammen mit.

„Was gibt's, hmm hmm lecker." Tychos Finger steckten schon im Kochtopf, Gunnar schlürfte aus der Suppenkelle.

Tadesse sagte: „Ich warten bis Essen!"

Nachdem alles verzehrt war, kam Tadesse noch einmal zu mir. „Morgen in der Schule", sagte er, „da frag' ich meine Lehrerin, warum in Afrika so viele Kinder verhungern. Die weiß das. Dann sag' ich es dir, damit du wieder an den lieben Gott glauben und vertrauen kannst."

Prompt fragte Tadesse am nächsten Tag im Religionsunterricht seine Lehrerin gleich zu Beginn der Schulstunde: „Ich habe eine furchtbar wichtige Frage: Warum läßt der liebe Gott in Afrika so viele Kinder verhungern?"

„Was sagst du, Tadesse?" fragte die Lehrerin wohl etwas verblüfft nochmals nach.

„Ich habe gefragt, warum der liebe Gott in Afrika so vieeele Kinder verhungern läßt. Das muß ich ganz wichtiiich wissen wegen meiner Mutter", beharrte er.

„Ach so." Sie überlegte einen Augenblick. „Ja, Tadesse, ich will es dir erklären." Die Klasse war aufmerksam geworden und mucksmäuschenstill vor Spannung.

„Der liebe Gott hat doch so viel zu tun, Tadesse. Der muß sich erst einmal um die Weißen kümmern!" sagte die Lehrerin.

Jetzt war Tadesse verblüfft und schwieg. Die anderen Kinder hatten das so hingenommen. Niemand hatte noch eine Frage dazu gestellt. Der Unterricht ging weiter. Ungetrübt.

Nur Tadesse ging betrübt nach Hause. Wütend dachte er: „Immer die Weißen! Sogar beim lieben Gott kommen die zuerst dran. Dann muß Mutter in Afrika mit Baby hungern und Freunde, weil die Weißen erst dran sind."

Mit hängendem Kopf kam Tadesse an diesem Tag in die Küche geschlichen. Er schaute mich groß an, die Augen tief und unergründlich wie das Meer. „Traurige Nachricht für dich", sagte er. „Weischt, Mutti, ich hab' sie gefragt! Der liebe Gott läßt sooo viiiele Kinder in Afrika verhungern, weil er sich erst um die Weißen kümmern muß, sagt meine Lehrerin. Und die weiß das!"

„Das hat sie gesagt?" fragte ich.

„Ja", sagte er, „hat sie. Mutti, du kannst ruhig trotzdem an ihn glauben. Ich weiß, es gibt ihn. Und das reicht doch. Mir hat er wenigstens schon mal geholfen. Mutti, ich versteh' nicht, warum muß der liebe Gott sich erst um die Weißen kümmern?"

„Vielleicht, weil es hier so viel Leute mit steinernem Herzen gibt. Vielleicht meint das deine Lehrerin. Mehr steinerne Herzen als in Afrika ... Aber ich freu' mich, Tadesse, daß du so von Herzen an den lieben Gott glaubst. Da wird er dich bestimmt immer beschützen ..."

„Muttis sind die wichtigsten Menschen auf der Welt!" sagte Tadesse und umarmte mich. „Neulich, da hab' ich Fotos gesehen. In Zeitung. Von Mildrrred Scheel. Weischt, die Frau von Prrräsident von Deutschland. Die hat auch kleinen Jungen adoptiert. Aus Drrritte Welt. Aber so eine Mutter Giraffe möchte ich nicht haben!" Er zeigte, so hoch er konnte. „Auch nicht, wenn die Frau von Prrräsident von Deutschland ist. Du bist mir viiiel lieber. Ich mag dich. Der liebe Gott hat mich dir richtig ausgesucht!"

„Tadesse, du bist ein Schatz!" sagte ich und knuddelte ihn wie einen Teddybären. Er schmuste gern.

„Das kann sich vielleicht Mildred Scheel leisten, ein Kind aus der Dritten Welt zu adoptieren, aber ihr doch nicht", hatten wohlmeinende Mitmenschen uns vor der Adoption geraten. „Damit rettet ihr die Dritte Welt auch nicht!"

Fröhlich hatte Tadesse morgens seinen Ranzen geschnappt und war zur Schule gerannt. Kaum fort, war er schon wieder zurück. Schluchzend kam er zur Tür rein. Er weinte so still vor sich hin und so tief von innen heraus, so verzagt und so verzweifelt, daß mir ganz bange ums Herz wurde und mir bei seinem Anblick die Tränen kamen. Barney kam schwanzwedelnd auf Tadesse zu und leckte seine Hand. Dicke Tränen tropften über seine Wangen zu Boden. Hunde haben ein sicheres Gespür für Kinderkummer. Barney blieb neben Tadesse sitzen und schlotzte auch seine Tränen vom Boden weg.

„Auf mei'm Schulweg, da steht es geschrieben!" brachte er unter Schluchzen hervor.

Ich legte den Arm um ihn. „Was steht auf deinem Schulweg geschrieben, Tadesse?" fragte ich.

„Da steht geschrieben, daß ich braun bin, gaaanz groß steht das da, braun wie ..." Wildes Schluchzen. Keinerlei Wut wie sonst. „Braun wie was?" fragte ich. „Auf dem Bürgersteig haben sie das geschrieben, gaaanz groß mit weiße Kreide steht da: Tadesse ist braun wie Scheiße. Buchstaben so groß wie ich, einen Meter zwanzig", sagte er leise.

„Nun wissen das alle im Dorf. Die Kinder und die Lehrer und die Nachbars. Die wissen jetzt alle, daß Tadesse so braun ist, weil er in der Scheiße geboren ist. Und keiner mag mich nun mehr!"

„Weißt du, wer das geschrieben hat, Tadesse?" – „Nein", sagte er. „Ich bin gar nicht schöööön braun, wie ihr immer sagt, sondern scheißbraun und nicht knackebraun, wie Klaus seine Mutter ist, sondern kackebraun, wie Klaus sagt."

Ich nahm Tadesse auf den Arm, und ich spürte, wie er zitterte. „Komm zu mir in die Küche, du brauchst heute nicht mehr in die Schule", sagte ich und setzte ihn auf den Küchentisch. Er saß ganz still da, schaute traurig vor sich hin und ließ die Beine baumeln. Barney war mitgegangen und saß unterm Tisch.

Tadesse beugte sich runter zum Hund und streichelte ihn. „Du bist ein liiiieber Barney, du verstehst mir", sagte er. „Mutti, wenigstens habe ich einen Hundefreund", sagte er und atmete auf.

Am großen Wasser in Afrika

„Weischt was, Mutti", sagte Tadesse, „soll ich dir von Mutter in Afrika erzählen?"

„Gern, wenn du möchtest." Ich spülte das Frühstücksgeschirr.

„Is lange her!" begann er. „Da war ich mit Mutter von Afrika an einem Fluß oder See. Grooßes Wasser. Da waren viele Afrika-Frauen. Die haben Wäsche gewaschen in grooßem Wasser. Die haben auch gesungen und mit den kleinen Kindern gespielt. Mütters in Afrika tragen Baby in einem großen Tuch auf dem Rücken. Viele hatten Baby auf Rücken. Dann kam noch eine Frau mit ein paar kleinen Kindern und ein Baby im Tuch auf dem Rücken. Die hatte in den Armen noch ein Bündel Wäsche getragen. Die waschen alles mit Hände im großen Wasser und singen dabei. Die haben keine Waschmaschine wie ihr hier! Ich war da noch ganz klein. Vielleicht vier Jahre alt, höchstens. Und ich stand an Rock von Mutter in Afrika. Da hat eine Afrika-Frau das Baby von ihrem Rücken runtergetan und das kleine Baby in das Wäschebündel eingepackt. Und das Baby hat geweint. Weischt so", und er machte ein klägliches Babyweinen nach, das eher an das Winseln eines jungen Hundes erinnert.

„Dann hat die Afrika-Frau das Bündel gaaanz vorsichtig aufgehoben. Weischt so." Tadesse ist vom Tisch gesprungen, hat ein Küchenhandtuch vom Haken geholt und es zu Boden fallen lassen. Er nimmt einen Holzlöffel und wickelt ihn ein und hebt vorsichtig das Bündel auf. Ganz sacht. Er schmust und herzt das Bündel mit dem Holzlöffel und küßt es. „Dann ist sie damit zum grooßen Wasser gegangen, die Afrika-Frau. Und dann hat sie es hineingelegt in großen Wasser wie in einem Himmelbett. Zum Schlafen." Er hat das Bündel sanft in die Spüle gelegt und den Wasserhahn aufgedreht. „Dann ist es abgetreibt. Das Bündel hat gezappelt." Er bewegte den Holzlöffel im Küchenhandtuch schnell hin und her. „Und gezappelt hat es!"

Tadesse dreht sich zu mir um. „Da hab' ich zu Mutter in Afrika gesagt: ,Mama! Das Baby ertrinkt!' Es war noch so klein, bestimmt noch kein Jahr alt. Die Afrika-Frauen sind alle still dagestanden, und Kinder haben gespielt, und keiner sagt was. Gucken nur auf das Bündel. Sehn die das nicht, hab' ich gedacht. Ich war an Hand bei Mutter in Afrika. Sonst wär' ich hingelaufen und in tiefes, grooßes Wasser rein. Mutter von Afrika hielt ganz fest meine Hand. Weischt so": Er nimmt meine Hand und drückt sie eine Weile fest.

„,Mama, Baby geht unter!' habe ich noch mal gesagt zu Mutter von Afrika. Da hat sie zu mir geguckt. ,Ja, Tadesse', hat sie geantwortet, ,das Baby muß sterben, weil die Mutter nichts zu essen hat für das Baby. Sie hat schon viele Kinder, und das Essen reicht nicht für alle. Darum muß das Baby sterben.' Das Bündel hat die ganze Zeit noch gezappelt. Und dann immer weniger, und dann hat es aufgehört mit Zappeln. Und ist blubb – blubb – blubb war es weg."

Tadesse geht zur Spüle und zieht den Stöpsel raus. Das Wasser blubbert ab.

„Gell, Mutti, wenigstens hab' ich Gudrrun rausgefischt aus'm Wasser im Schwimmbad!

Mutti, komm, ich zeig' dir was."

Er nimmt mich an die Hand und zieht mich in sein Zimmer. Unter dem Bett zieht er einen großen Pappkarton hervor. „Alles aus'm Kudderoimar", sagt Tadesse stolz. „Hab' ich alles gesammelt für Mutter in Afrika." Unzählige Joghurtbecher, leere Glasschalen, durchlöcherte Socken, alte Schuhe, kaputtes Geschirr, das gesamte zerbrochene Porzellan von den letzten Monaten und vieles mehr. „Warum schmeißt ihr das alles weg?" fragt er vorwurfsvoll. „Mutter in Afrika und Freunde brauchen das. Die werden sich freuen." Und er kramt eine alte gesprungene Tasse hervor und klimpert mit den Münzen drin, ein paar Groschen, Fünfer und Pfennige. „Da, hab' ich gespart für Mutter in Afrika! Die werden singen vor Freude", sagt Tadesse, „und tanzen und glücklich sein!"

In der ersten Zeit seines Hierseins behängte sich Tadesse mit allen möglichen – und auch mit den unmöglichsten – Statussymbolen.

Es war bei ihm wohl ähnlich wie bei den Menschen aus der DDR, die nach Öffnung der Grenzen im reichen Westen am sehnlichsten die Dinge haben wollten, die im bisherigen Leben in unerreichbarer Ferne geschwebt hatten. Viele hüllten sich erst einmal von Kopf bis Fuß in Jeansjacken, -hosen, -mützen, -schuhe, erwarben Videos, kauften ein buntes Auto, rauchten Marlboro und aßen Bananen.

So ähnlich erging es Tadesse auch. Nur waren die heißbegehrten Besitztümer andere. Bis auf die Bananen. Die waren auch bei Tadesse von außerordentlicher Wichtigkeit. „Bei euch liegen die überall rum. In Afrika, da gab es die nur hinterm hohen Zaun mit Stacheldraht. Die konnte man nur sehen von weitem. Nicht essen. Nur Bananen hinterm Zaun in Afrika!" Und er futterte sie kiloweise.

Tadesses Lieblingsstücke vom neu erworbenen Besitz waren: Sporthose, Sportschuhe, Lederhose, Sporthemd, Armbanduhr, Fernglas und Brille. Und weil er alle seine neuen Sachen so liebte, wollte er sie auch alle gleichzeitig mit sich herumtragen. Er zog alles zusammen an – wir konnten ihn nicht daran hindern – und marschierte so ins Dorf: schwarze lange Sporthose, Turnschuhe, Sporthemd rot, von Adidas natürlich, über die lange schwarze Sporthose hatte er eine kurze Lederhose gezogen mit Trägern, die hatte Tycho ihm vererbt, die glänzte schön speckig, drei Armbanduhren um den rechten Arm gebunden, seine eigene, Frerichs und Gunnars geliehen, den rechten Arm trug er angewinkelt, damit sein Wohlstand jedem auf den ersten Blick sichtbar wurde, ein Plastikfernglas, grün-schwarz von Rona und Gudrun, und ein richtiges, robustes großes Fernglas mit Lederband, aus unserem Bestand aufgestöbert, um den Hals, im linken Arm den neuen Lederfußball und eine Fahrradpumpe, das Haar geschmückt mit einer Pfauenfeder und auf der Nase noch die schlaue Hornbrille.

In diesem Aufzug also marschierte Tadesse durch das Dorf

Michelbach. Natürlich blieben alle Leute stehen und drehten sich nach ihm um. Besonderes Gelächter bei den Kindern: „Ist der komisch!" spotteten sie, „Schwarzerle, zeig mal, was du hast! Ha, ha, ha, der Nigger verkauft Armbanduhren und Ferngläser. Hat er wohl geklaut! Eh, sieht der aus wie ein Zirkusclown!"

Schnell kam Tadesse traurig zurück. Er sagte nichts, legte alle Klamotten in der hintersten Ecke des Kinderzimmers ab und weinte.

Mehrere Tage rührte er die Sachen nicht mehr an. Alles hatte er abgelegt, nur die dicke Hornbrille nicht, die blieb auf seiner Nase, auch des Nachts. Erst viele Tage später berichtete er mir im Küchengespräch über den Spott der Kinder im Dorf. Und wie traurig er wieder war, weil sie über ihn gelacht haben.

Die dicke Hornbrille war Tadesses ganzer Stolz. Er sah wirklich außergewöhnlich klug aus damit, ab und zu ließ er sie bis zur Nasenspitze hinunterrutschen – oder rutschte sie von selbst? –, schaute so recht allwissend wie ein Oberlehrer über den Brillenrand. Dazu machte er ein sehr wichtiges Gesicht. Fast wie Eduard Zimmermann XY – unbewegt.

Hornbrille und Sommerski

Frerich trug eine Brille, Tycho und Gunnar auch. Also brauchte Tadesse auch eine. Und so kam Tadesse zu der neuen Brille:

Gleich nach Ankunft hatten wir ihn in den ersten Wochen und Monaten medizinisch vollkommen durchchecken lassen, waren mit ihm beim Hausarzt, Zahnarzt und Augenarzt. Der Hausarzt hatte außer dem Hungerbauch und dadurch verkrümmter Wirbelsäule nichts Aufregendes gefunden. Ja, sehr trockene Haut hatte Tadesse noch, aber das würde sich mit den guten deutschen Hautcremes sehr schnell verbessern lassen.

Der Zahnarzt meinte: „Der kann mit seinen Zähnen noch Colaflaschen öffnen. Beste Zähne, alles okay." Als die Geschwister zu Hause nachfragten, was der Doktor zu seinen Zähnen gesagt hatte, antwortete Tadesse stolz: „Beste Sahne! Alles okay", und zeigte seine blitzend weißen Zähne.

„Beste Sahne." Rona und Gudrun kicherten los, „Tadesse hat

Sahne-Zähne!" Das nahm er nicht übel und lachte selbst über den Unterschied von Sahne und Zähne.

Rona eilte zum Küchenschrank und kam mit einer Sahneschüssel zurück. „Da Sahne, Desse", sagte sie und zeigte dann auf ihre Zähne. „Da Zähne, Desse!"

Wir stellten Tadesse auch dem Augenoptiker in der nächsten Stadt vor. Während der Augenuntersuchung zeigte er zuerst Figurensymbole, dann Buchstaben.

„Guck mal, das ist ein E."

„Weiß ich", sagte Tadesse, „ein großes E".

„Siehst du auch die Füßchen vom E?"

„Ja", sagte Tadesse, „drei Füße."

„Jetzt sag mir bitte immer, in welche Richtung das E mit seinen Füßchen zeigt. Ich ändere immer die Bilder. Weißt du, wo links und rechts ist?"

„Ja", sagte Tadesse und hob nacheinander die Hände, „rechte Hand, linke Hand."

„Gut", sagte der Doktor, „dann können wir ja weitermachen."

Bei der folgenden Untersuchung kam dann alles falsch raus, die Richtung der E-Füßchen stimmte fast nie und noch schlimmer, am Ende konnte Tadesse gar keine Füßchen mehr sehen. Der Doktor sah mich ratlos an.

„Ich glaube, Tadesse möchte gern ein bestimmtes Statussymbol mit zwei Gläsern", klärte ich ihn auf.

„Ach so", lachte er, „das werden wir gleich mal feststellen." Und er wiederholte seine Untersuchungen. Nach einer Weile wandte sich der freundliche Arzt wieder mir zu. Er griente: ein Lachen zwischen Lächeln und Grinsen.

„Sie haben recht", sagte er. „Sollen wir dem nachgeben?"

Ich nickte. „Ja, warum nicht?"

„Gut, er bekommt seinen Wunsch erfüllt", und zu Tadesse: „Ich verschreibe dir jetzt eine Brille, damit du besser sehen kannst!" Tadesses Augen glänzten. „Ich, eine Brille?" jubelte er und hüpfte vor Freude durch das Sprechzimmer.

„Null-Dioptrien", sagte der Doktor zu mir. „Ich verschreibe Fensterglas. Die Brille kann er tragen, solange er will. Bis er sie nicht mehr braucht."

Wir bedankten uns und gingen gleich zum Optiker. Der staunte nicht schlecht: „Eine Brille mit Fensterglas? Aus psychologischen Gründen verordnet? Das hab' ich ja noch nie erlebt!" Und er griente auch.

„Und was möchtest du für eine Brille?" fragte er Tadesse.

„Brille wie Vati", verlangte Tadesse.

„Und was hat dein Vati für eine Brille?" fragte der Optiker. „Warte, ich zeig' dir", sagte Tadesse und zeigte auf eine Herrenbrille, so ähnlich wie Frerichs. Dann wählte der Optiker geduldig eine Hornbrille aus, die auch Tadesses Zustimmung fand und paßte. Und Tadesse war sehr, sehr glücklich.

Ein paar Tage später fuhr ich wieder mit Tadesse mit Hornbrille nach Schwäbisch Hall, um für ihn ein schönes Turnhemd auszusuchen. Wir gingen in ein großes Sportgeschäft. Es war viel Betrieb im Laden. Neugierig schaute Tadesse sich voll Interesse überall um. Plötzlich hatte er etwas entdeckt und zog mich dort hin. Da standen Skier in der Ecke.

Er zeigte auf die Skier und fragte: „Mutti, wie heißen die Dings?"

„Das sind Skier."

Nachdenkliche Pause. Dann sehr energisch: „Tadesse will kein Turnhemd, Tadesse will Skier."

„Schiii", sagte er. Es war mitten im Sommer.

„Aber die brauchst du jetzt nicht! Nein, wir können heute keine Skier kaufen. Aber du darfst sie dir zu Weihnachten wünschen."

„Nein! Tadesse will Skier!"

„Aber das geht nicht, ich habe nicht so viel Geld!"

„Nie, nie, nie kriege ich etwas! Alle haben Schiii. Tadesse hat es selbst gesehen. Alle, ich nicht. Guuut. Tadesse will keine Schiii mehr und auch kein Turnhemd!" kreischte er laut durch den Laden.

Ohne Skier und ohne Turnhemd verließen wir das Sportgeschäft. Tadesse beruhigte sich nur langsam. Später, zu Hause, fragte er: „Mutti, wozu braucht man das?" Ich hatte den Vorfall schon fast vergessen und fragte: „Was, Tadesse?" – „Na die Schiii, die großen Bretter?"

„Die braucht man im Winter, im Schnee."

„Mutti, was is Winter, was is Schnee?"

„So Haare wie du will ich und langes Haar!" sagte Tadesse immer wieder. „Immer sieht man meine Ohren, und das sieht ganz doof aus, wenn man meine Ohren sieht, und die anderen Kinder lachen, wenn man so kurze Haare hat, daß man die Ohren sieht."

Fast alle Kinder in der Familie trugen langes Haar, Tycho einen zerzausten Wuschelkopf, Gunnar eine längere Lockenfrisur, Rona ganz lange blonde Strähnen, Sinje ebenso mittellang, nur Gudrun war mit einer Schere durch die Haare gefahren, so daß sie stoppelkurz waren, und die Wimpern hatte sie auch gleich mit abgeschnitten. Und Tadesse hielt Gudrun dafür eine Predigt.

Es half nichts: Wenn Tadesse sich erst einmal etwas in den Kopf gesetzt hatte, dann mußte es geschehen. Da halfen alle Beteuerungen nichts: „Uns gefällt dein Haar, es ist so schön, wie es ist." Nein, er bestand auf einer anderen Frisur.

„Haare wie eine Krone um den Kopf und schön gebürstet", das wollte er.

Tadesses Haare kräuselten sich zu winzigsten Löckchen, je länger sie wurden, desto mehr verkringelten sie ineinander. Und länger wurden sie auch nicht, jedenfalls nicht sichtbar. Und es war nicht leicht mit der Bürste durchzukommen. Meist hatte ich selbst Tadesses Haare immer etwas nachgeschnitten. Als die Haare endlich schön lang waren, ging ich mit ihm zum Friseur, zu meinem Friseur. Ich war dort seit Jahren Stammkundin. Ein Biosthetik-Salon in der nächsten Stadt. Vielleicht läßt sich das Haar ein bißchen entkrausen und wird kämmbarer, und Tadesse bekommt endlich seine Haarkrone. Ich wußte, das war eine ganz besondere Freude für ihn.

Der Friseur grüßte nicht so freundlich wie gewohnt, als ich mit Tadesse seinen Salon betrat. Er guckte Tadesse seltsam schräg an. Ich erklärte ihm das Haarproblem und fragte, ob er Rat wisse. Tadesse guckte hoffnungsvoll und gespannt auf den Friseur. Der Friseur guckte auf Tadesses schwarzen Haarschopf herab.

„Das ist unmöglich!" sagte er barsch. „Da ist gar nichts zu machen. Das Haar fasse ich nicht an!" Er ging einen Schritt zurück: „Nein", sagte er, „vielleicht hat er Läuse! Ich verliere meine Kunden. Nein, das kann ich meinen Kunden nicht zumuten.

Verstehen Sie das bitte", fügte er noch höflich hinzu, eilte zur Tür und öffnete sie schwungvoll. „Auf Wiedersehen!"

Wir gingen grußlos. Platsch, wie ein Eimer kaltes Wasser. Das bricht oft so unerwartet über einen rein, und dann stehst du da und weißt nicht, wie dir geschieht. Das durfte doch nicht wahr sein! Wir standen beide da wie zwei begossene Pudel.

Wenn ich das meiner Freundin Monika aus Norddeutschland erzähle, wird sie wieder sagen: „Nein, nein, das gibt's doch nicht. Wo wohnt ihr bloß? In was für einem schwarzen Eck?" In mir kam eine „Granade-Wut" hoch. Das kriegt immer unsere Frau Preiß, wenn Gudrun, das „Luderle", wieder etwas angestellt hat. Frau Preiß kam jeden Dienstag vormittag aus Großaltdorf und half mir im Haushalt. Sie ließ keinen Dienstag aus. Wenn wir sie nicht gehabt hätten, die treue Seele.

Es dauerte eine Weile, bis ich mich gefangen hatte. „Gefääält dem Friseur mein Haar nicht?" fragte Tadesse leise.

„Komm", sagte ich, „wir gehen zu einem besseren Friseur. Gleich am Markt, da ist noch einer. Ein ganz kleiner Salon."

Ich nahm Tadesse an die Hand. Er trottete neben mir her. Und schwieg. Das war selten.

Der Friseur am Markt hörte uns anscheinend geduldig zu. Dann griff er in Tadesses Haar, daß er ziepte.

„Aua", schrie Tadesse.

„Da kann ich nichts machen. Das geht nicht. Der beste Friseur kann da nichts machen. Leider. Das Haar hat der Teufel gemacht", sagte der Friseur am Markt.

Ich holte ganz tief Luft und legte schnell beide Hände auf den Rücken. Fast wäre mir die Hand ausgerutscht und ich hätte dem Friseur am Markt eine geschmiert. Ich drehte mich um und rannte aus dem Salon. Tadesse hinterher. „Der Teufel hat mein Haar gemacht?" stammelte er.

„Quatsch!" sagte ich, „den Friseur hat der Teufel gemacht."

Am nächsten Tag fuhren wir nach Heilbronn zum Friseur. Dort wurde Tadesse freundlich und selbstverständlich zuvorkommend behandelt. Der Friseur riet Tadesse ab von der „Haarkrone". Er schnitt das Haar wieder kürzer und machte eine Schönheitspak-kung, daß das Haar herrlich glänzte. Tadesse war erst mal halbwegs zufrieden, und er sah auch richtig gut aus so.

Doch kaum hatten wir den Friseursalon verlassen, sagte Tadesse: „Nächstes Mal Haarkrone", und er ließ sein Haar wieder wachsen.

Im Sommer 1980 waren wir in Ostfriesland in Urlaub. Wir machten einen Abstecher zu meinem früheren langjährigen biosthetischen Friseur in Aurich. Er freute sich sehr, mich nach so vielen Jahren wieder zu sehen. Es war ein Damensalon. Ich ließ mir die Haare machen. Tadesse war mit. Ich erzählte ihm von Tadesses Haarsorgen. Ob er helfen könne?

„Klar machen wir das", sagte er lachend und zu Tadesse: „Komm, setz dich, jetzt bekommst du deine Haarkrone."

Froh machte er sich an die Arbeit, gleich mit drei Helferinnen. Die kruseligen Haare mußten alle auf kleine Lockenwickler gedreht werden in mühevoller Kleinarbeit. Dann wurden sie mit Dauerwellenflüssigkeit behandelt. Das alles war zeitraubend und dauerte ein paar Stunden. Tadesse ließ alles geduldig über sich ergehen. Endlich war er fertig! Stolz präsentierte er seine Haarkrone. Es sah sehr schön aus, die Haare glänzten und waren gut kämmbar. Tadesse war überglücklich, und ich freute mich auch sehr.

„Mutti, jetzt müssen wir immer nach Aurich fahren zum Friseur!" sagte Tadesse.

„Klar fahren wir nächstes Jahr wieder nach Aurich zum Friseur!" sagte Frerich, der uns gerade abholen wollte und lachte.

Das ganze kostete kaum etwas, und der Friseur schenkte Tadesse noch einen Kamm mit langen Spitzen und ein Spezial-Shampoo.

Im Jahr darauf starb Tadesse.

Ich denke an die dritte Hymne aus den „Hymnen an die Nacht" von Novalis:

„Einst da ich bittere Tränen vergoß, da im Schmerz aufgelöst meine Hoffnung zerrann, und ich einsam stand am dürren Hügel, der in engem, dunklem Raum die Gestalt meines Lebens barg – einsam, wie noch kein Einsamer war, von unsäglicher Angst getrieben – kraftlos, nur ein Gedanke des Elends noch. Wie ich da nach Hilfe umherschaute, vorwärts nicht konnte und rückwärts nicht und am fliehenden, verlöschten Leben mit unendlicher Sehnsucht hing: Da kam aus blauen Fernen – von den Höhen meiner alten Seligkeit ein Dämmerungsschauer – und mit einem Male riß das Band der Geburt – des Lichtes Fessel.

Hin floh die irdische Herrlichkeit und meine Trauer mit ihr – zusammen floß die Wehmut in eine neue, unergründliche Welt – du Nachtbegeisterung, Schlummer des Himmels kamst über mich – die Gegend hob sich sacht empor; über der Gegend schwebte mein entbundener, neugeborener Geist ..."

Mutprobe im Eiermannladen

Den Bestseller „Ganz unten" gab es noch nicht in den Buchhandlungen. Aber gerade „Zeugen der Anklage. Die BILD-Beschreibung wird fortgesetzt". Von Günter Wallraff. Der Autor sprach im Neubausaal in Schwäbisch Hall zum Thema „BILD lügt". Schon manches Mal hatten wir mit den größeren Kindern Zeitungsinhalte, besonders das BILD zerpflückt und auch mit neutraler Berichterstattung anderer Zeichnungen verglichen. Frerich und ich sprachen beim Mittagessen über den „BILD-lügt-Wallraff-Vortrag", und wir beschlossen, uns den Vortrag anzuhören.

Tadesse war brennend interessiert unserem Gespräch gefolgt und sagte: „Ich gehe mit." Und Gunnar sagte: „Ich gehe auch mit."

Und wann „BILD lügt" und was „BILD lügt" und wie „BILD lügt", die beiden wollten alles ganz genau wissen. Wallraff berichtete über die Verlogenheit der „BILD-Zeitung" an verschiedenen Fallbeispielen und Schlagzeilen von Angstmacherei „Sonne explodiert" oder „Riesiger Komet rast auf unsere Erde zu" und Rufmord an Menschen „Deutscher Schüler trank Mädchenblut" – hier läßt BILD sein Opfer gleich auf Seite 1 zu Wort kommen, das noch nie mit einem BILD-Zeitungsmenschen gesprochen hat.

„Als ich noch Metzgerlehrling war, habe ich immer Ochsenblut getrunken, gestand Vampir Michael K., seit ich aufs Gymnasium gehe, mußte ich mich auf Menschenblut umstellen" (aus G. Wallraff: Zeugen der Anklage. Die BILD-Beschreibung wird fortgesetzt).

Im Dorf Michelbach gab es zu dieser Zeit einen kleinen Laden, in dem man alles kaufen konnte, was es eben in einem Tante-Emma-Laden auf einem schwäbischen Dorf gibt: Grundnahrungsmittel, Knöpfe, Reißverschlüsse, Zigaretten, Bier und eben auch die BILD-Zeitung. Und Eier, täglich frisch. Im Familienjargon hieß der Laden und der Inhaber: Eiermann. Gleich am Tag nach dem BILD-lügt-Vortrag von Wallraff marschierte Tadesse dorthin. Hier war auch ein Treffpunkt von Deutschnationalen zum Biersaufen und BILD-Lesen. Tadesse hatte dort schon so manche Demütigung eingesteckt, wenn er von seinem Taschengeld Cola oder Eis gekauft hatte. An der Kasse hieß es stets: „Hen-Se-elles – Haben Sie alles?"

Auch hier hatte man ihn „Nigger" geschimpft und war über die „schmutzigen Ausländer" hergefallen. Tadesse kam nicht klar mit „braun sein" – und „braun sein". Er – und die Welten dazwischen. „Und Hitler hat schließlich die Autobahn gebaut", erfuhr er dort. Hurra, Deutschland.

Tadesse ging also mit dem unverdauten Wallraff-Referat „BILD lügt" mutig in den Eiermannladen hinein. Gunnar war das zu riskant, aber auch er hatte begriffen, was es auf einem Dorf bedeutet, abgestempelt zu sein. Tadesse kaufte eine BILD-Zeitung, bezahlte an der Kasse, verließ lachend den Laden, blieb vor dem großen Schaufenster gegenüber der Kasse stehen, lachte den Eiermann frech an und zerriß demonstrativ die gerade erworbene kostbare BILD-Zeitung. Seite für Seite in kleinste Fetzen. Sorgfältig sammelte er die Fetzen zusammen, hob alles auf und warf es in des Eiermanns Papierkorb, der sonst meist leere Cola-Dosen, Eispapier und leere Bonbontüten speicherte. Mit großen Augen und offenem Mund guckte der Eiermann Tadesses seltsamem Treiben zu.

Tadesse ging abermals hinein, kaufte wieder eine BILD-Zeitung, ging hinaus und Seite für Seite zerriß er sie wieder in Stücke und steckte die Reste in des Eiermanns Papierkorb. So ging Tadesse ein drittes Mal hinein und wiederholte sein schändliches Tun vor Eiermanns Nase.

Beim vierten Mal hatte der endgültig begriffen, was da vor sich ging, und laut schimpfend warf er Tadesse aus dem Laden hinaus. Dafür sei die BILD-Zeitung zu schade, daß man sie einfach zerreiße. Lesen solle man die. „Aber lesen können Nigger wohl nicht", bemerkte ein anderer Zuschauer mit Bierbauch.

„Aber BILD lügt doch!" sagte Tadesse schüchtern, aber hörbar und flüchtete vor dem wütenden laut drohenden Eiermann aus dem Laden.

Der Eiermannladen existiert nicht mehr in Michelbach.

Das gibt Hoffnung.

Hitler-Gruß und Kartoffelschälen

Meine Heimatstadt Schleswig habe ich Tadesse auch gezeigt. Wir waren mehrmals zusammen dort. Wir haben gemeinsam den weiten Holsteiner Himmel bewundert, sind mit dem Schleidampfer nach Missunde getuckert, haben im Wikingturm zusammen Kaffee geschlürft, sind durchs Museum im Schloß gelaufen, haben uns vor den Moorleichen gegruselt, fürs Nydamboot begeistert, das alte Haithabu, Stadt an der Heide, bestaunt, bis wir zum Umfallen müde bei den Großeltern ein leckeres Abendbrot verzehrten. Tadesse durfte auch auf den Pferden meines Onkels auf Gut Winning reiten. Er war ein stolzer Reiter, ein Naturtalent, manchmal ritt er auf dem Hengst Sasko, ein anderes Mal auf der Stute Paquita. Tadesse stromerte auch durch den Stall, spielte mit der Stallziege Paula, half beim Ausmisten und beim Striegeln der Pferde. Alle blieben stehen und schauten Tadesse zu beim Reiten. Großvater filmte ihn auf Sasko: Tadesse übte Kunstfiguren auf dem trabenden Pferd und stürzte dabei mit dem Kopf abwärts direkt senkrecht in die Reitbahn. Wir erschraken bis in die Zehenspitzen – doch Tadesse hatte einen aufmerksamen Schutzengel. Der fing ihn sanft auf, er blieb unverletzt, nicht mal eine kleine Beule hatte er sich zugezogen. Der Sturz von Sasko blieb auf dem Film gebannt, der Schutzengel blieb unsichtbar.

Zu Uromas Geburtstag fuhren immer ein paar von uns nach Schleswig zum Gratulieren. Das ist gut 800 km von Schwäbisch Hall entfernt. Alle auf einmal fahren konnten wir nicht wegen der Tiere, und alle paßten auch nicht in unser Auto. Tadesse war mehrmals dabei. Zu Uromas 92. Geburtstag hatte Tadesse ein weißes Hemd angezogen und – weiß ich woher – eine große grüne Fliege umgebunden. Er sah sehr nobel aus damit, passend zum Mittagessen im Waldschlößchen. „Was habt ihr denn mit dem gemacht?" sagte einer der Geburtstagsgäste.

Nach dem Kaffeetrinken in Uromas guter Stube verkrümelte sich die Familie ein bißchen ins Freie. Tadesse rutschte auf den leeren Stuhl neben Uroma. Er schaute sie an und sagte: „Uroma, du kennst doch Hitler."

„O ja", sagte Uroma, „den Kerl hasse ich wie die Pest. Der hat den Krieg begonnen. Wollte ein tausendjähriges Reich, alles erobern. Der hat das schlimmste Leid über alle Menschen gebracht. Der hat auch die Juden vernichtet. Und jeder mußte ihn trotzdem grüßen. Jeder mußte das ‚Heil Hitler' sagen und den Arm hochstrecken zum Hitler-Gruß."

„Und wenn man das nicht getan hat, Uroma, was dann?" fragte Tadesse. „Dann wurdest du angezeigt, mein Jung', und dann kam die Polizei. Ich wollte auch nicht ‚Heil Hitler' sagen. Aber jeden Tag kam der Briefträger: ‚Heil Hitler, Frau Hildebrand', und Arm hoch: Hitler-Gruß. ‚Guten Morgen', habe ich gesagt. ‚Das heißt nicht guten Morgen, das heißt Heil Hitler', sagte dann der Briefträger. Am nächsten Tag wieder: ‚Heil Hitler, Frau Hildebrand!' – ‚Moin, moin!' und der Briefträger: ‚Ich verlange den Hitler-Gruß!' hat er mich angebrüllt."

„Und dann, Uroma?" fragte Tadesse neugierig.

„Dann habe ich gesagt: ‚Ich kriege den Arm nicht hoch. Wegen Rheuma. Der schmerzt.' Dann am nächsten Tag wieder ‚Heil Hitler', Arm hoch zum Hitler-Gruß. ‚Hier die Post – Heil Hitler', Hitler-Gruß. ‚Guten Morgen – danke – Auf Wiedersehen', habe ich gesagt. Dann hat er mich angezeigt. Zur Strafe mußte ich vier Wochen lang von morgens bis abends Kartoffeln schälen für die Wehrmacht. Zehn Stunden am Tag. Nur weil ich nicht ‚Heil Hitler' gesagt habe. Das waren schlimme Zeiten, mein Jung'. Hoffentlich kommen solche Zeiten nie, nie wieder."

„Uroma, erzähl mir mehr", sagte Tadesse, „von der Hitlerzeit, wie das für eure Familie war."

„Wir hatten alle Angst, mein Jung'. Uropa war auch ein ganz großer Gegner von Hitler. Bei uns im Haus war auch ein paarmal die Gestapo."

„Was ist das, Gestapo?" fragte Tadesse. „Das ist die Geheime Staatspolizei. Die konnten jeden mitnehmen, wenn sie es wollten, und einsperren."

„Und was wollten die bei euch, Uroma?" fragte Tadesse.

„Uropa war ein Logenbruder, und er hatte die ganzen Unterla-gen von den Logenbrüdern und Mitgliedern hier in diesem Haus in der Moltkestraße aufbewahrt. In einem Stehpult. Das Stehpult war verschlossen und Uropa hatte den Schlüssel versteckt. Eines Tages haben sie bei uns an der Haustür laut geklopft. Wir wußten alle gleich, was los ist, so haben die an die Tür gebollert. ‚Aufmachen, Geheime Staatspolizei!‘ haben sie gebrüllt. Und Uropa hat die Tür aufgemacht und sie reingelassen. Die sind durchs ganze Haus gepoltert. Wir haben vor Angst gezittert. Wo die Unterlagen sind, wollten sie wissen. ‚Dort in dem Stehpult.‘ – ‚Aufmachen!‘ Und Uropa hat gesagt: ‚Ich habe keinen Schlüssel dafür. Aber wenn Ihnen dieses Pult nähersteht als mir, dann nehmen Sie es doch gleich ganz mit.‘“

„Und dann, Uroma?“ fragte Tadesse aufgeregt.

„Dann haben sie es stehen gelassen und sind wieder gegangen. Und Uropa mußte nicht mitkommen. Aber Uropas Bruder, den Fritz Hildebrand, den haben sie verhaftet, die verdammten Nazis, und umgebracht haben sie ihn.“ Uroma schwieg.

„Erzähle weiter, Uroma“, bat Tadesse.

„Uropas Bruder, der Fritz Hildebrand, der hat mal in der Öffent-lichkeit gesagt: ‚Adolf Hitler ist der größte Hasardeur des 20. Jahrhunderts.‘ Da haben sie ihn abgeholt, die Gestapo-Männer. Dann ist er in die Haftanstalt nach Berlin-Plötzensee gekommen.“

„Uroma, was heißt Hasardeur?“

„Das heißt so was wie Menschenhasser, ein ganz schlimmer Mensch!“

„Und was war dann mit dem Fritz?“ fragte Tadesse weiter.

„Dann haben sie ihn umgebracht. In der Haftanstalt. In Berlin-Plötzensee. Da ist er nie mehr rausgekommen. Keiner weiß, wie er gestorben ist. Schlimme, schlimme Zeiten, mein Jung‘. Hoffent-lich kommen diese Zeiten nie, nie wieder. Es darf nie wieder Krieg in Deutschland geben.“

Uroma schwieg und Tadesse auch. Die große Standuhr tickte leise.

Tadesse legte zart seine Hand auf Uromas Hand.

„Uroma, du bist eine Held-Frau“, sagte er zu ihr. Und Uroma guckte ganz stolz um sich herum.

„Ich weiß nicht, ob ich mir das getraut hätte – nicht Hitler-Gruß machen und dafür viiier Wochen Kartoffelschälen. Viiier Wochen Kartoffelschälen, bloß wegen nicht Hitler-Grüßen ..."

„Und ihr seid schuld!"

Nur „Tadesse" steht auf seinem Grabstein. Und ein kleines Kreuz ist drauf mit einer gebrochenen Rose, ein Rosenkreuz auf einem Findling. Auf dem Grab wächst Heidekraut. Und die Birke, die jemand abgeschlagen hatte, ist wieder nachgewachsen aus einem Seitentrieb, noch schöner und noch höher! Neulich traf ich Bekannte am Grab, die Eltern von Tychos Schulfreund Jürgen. Sie hatten uns damals einen stabilen, großen Ponystall geschenkt, den wir Brett für Brett und Stück für Stück abtrugen und in einem tiefen Gartental – von nirgends einsehbar, unter Umgehung sämtlicher Bauvorschriften und Genehmigungen – wieder aufbauten. Das brachte mir eine Neuauflage der Räumungsklage ein ... „unerlaubt Hütten und Ställe gebaut ..." Irgendwer hatte es eben doch gesehen! Aber es war ein schönes Ponyhaus für Pfippi, Pepel, Paule Kuchenfuß, Anuschka und Pinoccio, Tadesses Pony.

„Im Dorf sagen die Leute, das hat er getan, weil er nicht Fußballspielen durfte. Seine Eltern wollten nicht, daß Tadesse Fußball spielt. Da ist er so wütend geworden. Darum hat er das getan. Aus Wut. Wegen Fußballverbot", sagte Jürgens Mutter am Grab.

Sich umgebracht und tot geblieben wegen Fußball, sagt man im Dorf, erfuhr ich. So einfach ist das. Die Gerüchteküche brodelt!

Natürlich liebte Tadesse das Fußballspiel. Er war begeisterter Fan des FC Bayern München. Und klar durfte Tadesse auch Fußballspielen. Aber von so manchem Fußballjugendtrainer ging ein ungeheuer massiver Druck aus. Daher spielte Tadesse auch zuletzt in drei Mannschaften. Bis zum letzten Atemzug fast hat er für euch gespielt. Damit ihr gewinnt!

„Tadesse, komm, Tadesse, du mußt. Mannschaftsgeist, Tore schießen. Tadesse Torwart, Stürmer, Verteidiger, Läufer. Ohne dich sind wir nichts, sind wir verloren, du bist schuld, wenn wir verlieren, du mußt dabei sein, am Ball bleiben, du wirst ein

Superstar beim Fußball, wir verlieren, das kannst du uns doch nicht antun, du kannst doch uns jetzt nicht im Stich lassen …"

Spießrutenlaufen, wenn er mal nicht so gut war. „Der Nigger hat danebengeschossen …"

Aber meistens war er gut. Sehr gut sogar. Er mußte immer tausend mal besser sein als ihr. Abgejagt und abgehetzt kam er nach Hause von euren Fußballspielen. Seine Knie zitterten, und sein Herz jagte. Manchmal dachte ich, er klappt gleich vor lauter Erschöpfung zusammen nach so einem Spiel.

„Mutti, hast du Hans-Branntwein?" fragte er dann pustend. Der Großvater versorgte uns immer flaschenweise mit Franzbranntwein. Für alle großen und kleinen Familienwehwehchen.

Der Großvater heißt Hans mit Vornamen, daher nicht Franz-Branntwein, sondern Hans-Branntwein. So war das auch immer ein doppelter Trost – Hans-Branntwein kühlte und linderte den Schmerz und war auch ein Gruß vom Großvater und heilte so auch seelische Verletzungen gleich mit. Oft rieb Tadesse die schmerzenden Schultern, Arme und Beine ein. Oft waren die Beine auch so zerschunden vom Fußball, daß ich sie mit Hans-Branntwein nicht einreiben konnte. Sonst hätte es wie Feuer gebrannt.

Aber im Fußball war Tadesse gut. Sehr gut. Dafür braucht ihr ihn. Da kam sogar ein Filmteam vom VfB aus Stuttgart, ihn zu filmen. Tadesse, das Nachwuchstalent, der Superspieler. Dann wurden wieder welche neidisch und schimpften ihn „Blöder Nigger". Er gab sein Letztes. Kraftlos kam er nach Hause. Es war einfach zu viel. „Entscheide dich für eine Mannschaft, Tadesse", haben wir gesagt. Doch ihr ließt ihm keine Ruhe, habt ihn immer wieder bedrängt. Heimlich deponierte Tadesse seine Fußballschuhe bei einem Nachbarjungen. Das erfuhren wir später. Nach seinem Tod. Am Tag seines Todes kam abends einer von euch in unseren Hof getorkelt. Ein volltrunkener, besoffener Fußballspieler. Er schrie: „Ihr seid schuld an Tadesses Tod!" Und er beschimpfte uns mit wüstesten Ausdrücken, und daß dem Verein nun ein guter Spieler fehlt. „Und ihr seid schuld. Und wie der Verein nun dasteht. Und ihr seid schuld!"

Frerich hat ihn vom Hof verwiesen. Es war schon dunkel draußen.

Andere Eltern erzählten uns auch vom Druck, den ihre Söhne durch den Fußballverein erlebt hatten. Ein paar Tage später kamen zwei andere Herren vom Vorstand des Fußballvereins und entschuldigten sich für den einen. Der sei eben betrunken gewesen. Was er sagte, sei nicht in ihrem Sinn. Sie sagten noch, daß Tadesse das schon einmal gemacht hat. Beim Zeltlager mit dem Fußballverein.

„Was hat er schon einmal gemacht?" fragten wir.

„Na, er hat sich eine Schlinge um den Hals gelegt und zugezogen. Da haben wir ihm ganz ordentlich Bescheid gegeben. ‚Bürschchen, mach das ja nicht wieder. Das ist gefährlich!' Tadesse hat gesagt: ‚Das kann ich ja wieder aufmachen.' Und hat die Schlinge gelöst."

Niemand vom Fußballverein hatte uns nach dem Zeltlager von diesem Vorfall berichtet. Und Tadesse hat auch nichts gesagt. Er war nur merkwürdig still nach dem Zeltlager und hat gar nichts erzählt.

Vielleicht hätten wir herausfinden können, was vorausgegangen war. Was war, bevor Tadesse die Schlinge um den Hals legte?

Niemand vom Fußballverein dachte daran, daß dieser traurige Vorfall auch die Eltern des Jungen anginge. Sie hatten ihn ja verwarnt. Und das reichte.

„Hängt sie auf, die schwarze Sau!"

Als er schon nicht mehr lebte, erfuhren wir, daß jugendliche Zuschauer bei verschiedenen Spielen gegrölt hatten: „Hängt sie auf, die schwarze Sau!" Da herrscht ein rauher Ton beim Fußball! Da wird skandiert: „Hängt – sie auf – die schwar – ze Sau!" Volle Lautstärke. Das stört keinen großen Geist. Das gehört eben dazu. Außerdem war ja bloß der Schiedsrichter damit gemeint und natürlich nicht Tadesse.

Tycho nannte Tadesse oftmals Theodor oder kurz Theo und frotzelte: „Der Theodor, der Theodor, der steht bei uns im Fußballtor, wie der Ball auch kommt, wie der Ball auch fällt, der Theodor, der hält, der hält." Ein alter Schlager. Das freute Tadesse, und er lachte herzlich darüber. Bei Gott ... Tadesse muß keine

Tore mehr schießen! Er wird auch so geliebt! Keiner sagt mehr „Blöder Nigger" zu ihm ... Bei Gott ...

Ein Zeitungsausschnitt, knapp vier Wochen nach Tadesses Tod: „Haller Tagblatt", Rubrik: „Das heimische Sportgeschehen notiert, kommentiert, glossiert". Überschrift: Fußball-Stadtmeisterschaften ... erziehen zu sportlich fairem Verhalten!

„Es ist nichts Neues mehr, daß in Fußballstadien und auf Sportplätzen nicht nur hierzulande Beschimpfungen gegnerischer Mannschaften und solche gegen den Schiedsrichter immer wieder zu hören sind. Meist benimmt sich aber nur ein kleiner Teil von Anhängern und Vereinsmitgliedern so daneben, daß man ernstlich böse sein muß.

Die Fußball-Stadtmeisterschaften in der Hagenbachhalle am Mittwoch sind gelaufen, und besonders unangenehm sind dabei vornehmlich noch Jugendliche eines teilnehmenden Vereins mit rot-weißen Schals aufgefallen, die das Anfeuern der eigenen Mannschaften gänzlich falsch verstanden haben müssen. Schiedsrichter und Fußballer waren mit Recht erschreckt darüber, was ihnen von den Rängen alles an Häßlichkeiten – meist im Chor – entgegengebrüllt wurde. ‚Hängt sie auf, die schwarze Sau!', das ging an die Adresse der Schiedsrichter, deren Obmann Hugo Ludwig selbst einige Spiele leitete. Spieler und gegnerische Mannschaften wurden mit Schweinen verglichen, die sich im Dreck suhlen. Kurz, die zum Teil erst 10 bis 15 Jahre jungen Buben und Mädchen hatten eine Menge Varianten parat, und sie wurden weder von danebensitzenden erwachsenen Mitgliedern noch von Funktionären dieses Vereins zur Ordnung gerufen, jedenfalls hat dies niemand gesehen. Dabei gehört es nachgerade zu den wichtigsten Aufgaben eines Vereins, die ihm anvertrauten Jugendlichen besonders auch zu sportlich fairem Verhalten zu erziehen. Wer aber das, was in der Hagenbachhalle passiert ist, stillschweigend hinnimmt oder sich vielleicht noch klammheimlich darüber freut, der muß sich nicht wundern, wenn sein Verein weniger durch gute sportliche Leistungen, und die sind zweifelsfrei vorhanden, Aufsehen erregt, als vielmehr zunehmend an solch einer Anhängerschar gemessen wird. Und es sei hier ausdrücklich erwähnt, daß sich die Beschimpfungen keineswegs immer nur auf die Sportfreunde beschränkten, die sich allerdings ob des alljährlichen ‚Spießrutenlaufens' bei den Stadtmeisterschaften sowieso schon überlegen, ob sie überhaupt noch einmal mitmachen oder lieber ein Abstandsgeld an den Stadtverband bezahlen.

Und noch eins: Sind sich diese wüsten Schreier eigentlich im klaren darüber, daß bei uns sämtliche Fußballspiele bis hinunter zur jüngsten Jugend von geprüften Schiedsrichtern geleitet werden und dies keineswegs selbstverständlich ist!

Es kann doch nicht so schwer und sicher auch noch nicht zu spät sein, der Vereinsjugend den Unterschied zwischen Anfeuerung und Beschimpfung einmal deutlich zu machen, damit sich solche Vorfälle nicht wiederholen!"

So stand es damals in der Zeitung, knapp vier Wochen nach Tadesses Tod.

Das gebrochene Gelübde

Wieder eine Küchengeschichte. Tadesse war sehr ernst aus der Schule nach Hause zurückgekommen, auf leisen Sohlen in die Küche geschlichen. Er hatte sich auf den Küchenhocker fallen lassen. Das Mittagessen dampfte. Küchennebel rundum. Sein Gesicht konnte ich nicht sehen. Er hatte sich weggedreht. Hockte einfach so da. Stumm. Wie ein Häufchen Elend. So traurig, so hoffnungslos, so verloren, den Kopf gesenkt. Und dicker Nebel in der Küche. Ein norddeutsches Gericht: Pellkartoffeln, Grünkohl und Pinkel gab es. Pinkel sind bei uns Sojawürste. Ich öffnete erst mal das Küchenfenster. Frische Herbstluft strömte rein von draußen. Nebel, wenn man das Wort von hinten liest, heißt Leben. Leben ist Nebel. Nur manchmal kann man ein Fenster öffnen und hat wieder klare Sicht.

Tadesse dreht sich rum. „Mutti, jetzt habe ich das Wort, jetzt habe ich es! Jetzt kann ich es dir endlich erzählen!" sagt Tadesse feierlich.

Mir wird ganz bange, was jetzt kommt. Ahne, daß es seinen Lebenskern im Innersten berührt. Das fällt mir ein, weil da Apfelkerne auf dem Tisch liegen. Ich habe einen Apfelkuchen gebacken.

Tadesse schnuppert am Kuchen. „Riecht gut", sagt er leise.

Ich habe mich zu ihm an den Küchentisch gehockt. Erwartungs-
volle Stille. Kaum zum Aushalten.

Nach einer Weile habe ich Tadesse gefragt: „Was für ein Wort
meinst du? Was willst du mir heute erzählen?"

Er hat mich angeschaut und „Gelübde" gesagt.

„Hmm?" habe ich gefragt.

„Mutti, kennst du das Wort? Weißt du, was ein Gelübde ist?"

„Ich glaube ja, ich weiß es, das ist, wenn man jemandem etwas
ganz fest verspricht und vor Gott sagt, daß man es hält. Das ist ein
Gelübde."

„Ja", hat Tadesse gesagt, „genau das meine ich. Ein Ge-lüb-de.
Das Wort habe ich heute zum erstenmal in der Schule gehört.
Unser Lehrer hat es erklärt. So ähnlich wie du. Gelübde ist, etwas
geloben, hat er noch gesagt. Viele von meiner Klasse kannten das
Wort auch nicht. Ja, vor Gott etwas ganz fest versprechen. Das
meine ich."

Tadesse war wieder ganz in sich zusammengekauert. „Mutti",
sagte er leise, „ich habe mein Gelübde gebrochen."

Ein leerer Blick traf mich aus seinen dunklen Augen, der fiel mir
in die hinterste Herzkammer, so traurig – ohne Hoffnung – so wie:
Ich habe aufgegeben. Er schwieg.

Ich hielt das nicht aus. „Was für ein Gelübde, Tadesse?" fragte
ich.

„Ich konnte mein Gelübde ja nicht halten, weil ich Nunu ja
nicht sehen darf. Bevor ich zu euch geflogen bin, da hab' ich
mich verabschiedet von meiner Mutter in Afrika. Und die hat
mir damals das Gelübde abgenommen. Sie hat zu mir gesagt
beim Abschied: ‚Tadesse, du bist schon ein großer Junge.
Kümmere dich in Deutschland um deine kleine Schwester. Um
Nunu. Und wenn ihr beiden groß und erwachsen seid – dann
kommt ihr beide zusammen zu mir nach Afrika. Mich besuchen.
Versprich mir das ganz fest. Bei Gott. Der hört jetzt zu.' Und ich
habe meiner Mutter in Afrika das versprochen: ‚Ja, ich kümmere
mich in Deutschland um meine kleine Schwester Nunu. Und
wenn wir beide groß sind und erwachsen, dann komme ich mit
Nunu nach Afrika, und wir besuchen dich. Nunu und ich. Ich
werde mich immer um Nunu kümmern in Deutschland. Bei
Gott, das verspreche ich.'

Meine Mutter in Afrika war darüber ganz glücklich. Ich habe ihr mein Gelübde zum Abschied geschenkt."

Beide sitzen wir stumm da am Küchentisch. Ich genauso hilflos wie er. Das Essen brodelt nicht mehr. Der Dunst ist weg.

Da ist eine Lücke im Gesetz. Ein großes Loch in der feinen Maschenenge des Gesetzeswerkes, wo diese beiden Kinder aus Afrika einfach hindurchplumpsen. Wie zwei Steine, die fallen. Niemand fängt sie auf.

Wenn zwei Geschwisterkinder, wie bei Tadesse und Nunu geschehen, in zwei verschiedene Elternfamilien adoptiert werden, dann sind sie formaljuristisch gesehen keine Geschwister mehr. Sie sind wie Fremde. Formaljuristisch. Und sie haben kein Recht, sich zu sehen. Die Elternpaare haben das Aufenthaltsbestimmungsrecht für die adoptierten Kinder. Sie haben das Recht zu bestimmen, mit wem ihr Kind Kontakt oder Umgang haben darf und mit wem eben nicht. Formaljuristisch ist das so. Da kann keiner was daran rütteln. Höchstens der Gesetzgeber, und das dauert, bis der anfängt, an seinem Gesetzeswerk zu flicken. Daran rütteln kann auch der liebe Gott. Aber Gottes Mühlen mahlen langsam, sagt man.

Ist ein Elternpaar nicht einverstanden, daß die adoptierten Geschwister sich sehen dürfen, dann haben diese Kinder eben Pech gehabt. Dann dürfen diese Kinder sich nicht begegnen, sich nicht schreiben, nicht miteinander telefonieren, wenn sie es gerne möchten. Sie haben dazu keinerlei Recht. Formaljuristisch.

Die Adoptiveltern von Tadesses Schwester Nunu duldeten nur einen sehr eingeschränkten Kontakt. Wir haben es Tadesse gerne erlaubt, seine Schwester zu sehen, und wir haben uns sehr darum bemüht. Mit Engelszungen geredet. Doch Familie A., die Adoptivfamilie der Nunu, duldete den Kontakt der Geschwister nur äußerst widerwillig unter Bedingungen, die sie diktierten, im engsten Rahmen und unter unabänderlichen Voraussetzungen, von ihnen selbst geschaffen. So lag es nicht in unserer Hand, Tadesses Herzenswunsch – seinen größten Herzenswunsch – zu erfüllen: inniger Kontakt zu seiner Schwester Nunu, einander besuchen, schreiben und telefonieren, so oft wie möglich!

Lange hatten wir geschwiegen, Tadesse und ich in der Küche. „Dann hat es sich ja auch gar nicht gelohnt, daß ich Nunu so weit getragen habe. Damals in Afrika. Nunu hatte sich den ganzen

Bauch verbrannt. Mit einem Licht. So was wie Petroleumlampe. Da habe ich sie auf meinen Rücken geladen und geschleppt. Und geschleppt! Kilometerweit. Bis zu einem Doktor. Nunu hat die ganze Zeit leise geweint auf meinem Rücken. Ich hab' Angst gehabt, die stirbt. Und meine Füße konnten nicht mehr laufen, und mein Rücken hat geschmerzt. Und Hans-Branntwein hatten wir nicht. Dann hab' ich's geschafft, mit Nunu bis zum Doktor. Da mußten wir lange warten. Dann hat er ihr geholfen. Die Wunde versorgt. Und dann bin ich wieder mit Nunu auf meinem Rücken den langen Weg zurück bis zu Mutter in Afrika. Oh, mein Rücken, der war ganz krumm danach."

Und noch mal sagte Tadesse leise: „Mutti, ich habe mein Gelübde gebrochen. Mutter in Afrika wird sehr, sehr traurig sein wegen mir."

„Nicht du hast das Gelübde gebrochen, Tadesse", versuchte ich ihn zu trösten, „die anderen Menschen, die es nicht erlaubt haben, daß ihr euch seht, du und Nunu, die Umstände, die Gesetze."

Doch er blieb dabei. „Ich habe Gelübde gebrochen von Mutter in Afrika."

Es gab keinen Trost. Es half auch nichts, ihm für irgendwann eine Begegnung in Aussicht zu stellen, die vielleicht einmal stattfinden würde. Und was half es, zu sagen: „Wenn ihr achtzehn seid …?" Das war kein Trost.

Nunus Foto in der Klarsichthülle

„Wie geht's Euch? Mir geht's gut. Ich will nicht wissen, wie viele Zöpfe Nunu hat. Ich will wissen, warum Nunu nicht mich sehen darf."

Das schrieb Tadesse Nunus Adoptiveltern zum ersten Weihnachtsfest.

Uns hatte Tadesse zu Weihnachten mit einem Gartenzaunbrett, etwa einen Meter lang, überrascht. Darauf stand mit altdeutscher Schrift und fröhlich-bunten Buchstaben geschrieben: „Frohe Weihnachten!" Die Buchstaben hatte er sich einzeln zusammengeklaubt aus Uromas Briefen und alles richtig hingekriegt. Nunus Adoptivmutter ist wegen der Kinder nicht berufstätig. Nunus

Adoptivvater, Dr. theol., Studienprofessor am Gymnasium einer Großstadt. Zu der Familie gehören noch zwei Söhne, einer etwas jünger als Nunu, der andere ein wenig älter.

„Das Kind muß erst richtig integriert sein in unsere Familie, Tadesse muß sich noch gedulden ..." So hieß es immer wieder.

Man vertröstete uns.

Irgendwann ist mir bei einem Telefonat dann der Kragen geplatzt. Und ich hatte gesagt: „Tadesse und Nunu sind Geschwister! Sie haben ein Recht darauf, sich zu sehen!"

Da gingen die Jalousien ganz herunter. Nunus Adoptiveltern hatten Tadesse ein Foto geschickt von der kleinen Nunu, mit vier Zöpfen, einer der Brüder war mit auf dem Bild. „Nunu möchte, daß du weißt, daß sie vier Zöpfe hat", hatten sie Tadesse geschrieben.

Und damit sollte er sich zufriedengeben.

„Vier Zöpfe, wie kleine Pinsel, süüüß", freute sich Tadesse und übersäte das Foto der kleinen Schwester mit Küssen. Freilich, es reichte ihm auch nicht, noch zusätzlich zu erfahren: „Im übrigen trällert Nunu den ganzen Tag eine Mischung von Martins-, Advents- und Weihnachtsliedern." Das schrieb Nunus Adoptivmutter uns.

„Ich will aber Nunu sehen!" sagte Tadesse wütend.

Und als er starb, da trug er es bei sich, das Foto von der kleinen Nunu mit den vier Zöpfen, die wie kleine Pinsel waren. In der Hosentasche seiner Jeans steckte dieses Foto in der Klarsicht-Fahrkartenhülle, zusammen mit seiner Busfahrkarte für den Monat September. Er starb am 26. 9. 81. Weggeschnitten vom Foto hatte er den Bruder aus der Adoptivfamilie.

Tadesse hatte an diesem Tag noch mittags seine Geschwister sehnsüchtig nach Post gefragt. „Ist Post von Nunu für mich?"

Nein, nichts.

„Ich habe ihr doch geschrieben! Vor ein paar Tagen! Den Brief selbst bei der Post abgegeben."

Der Brief ist nie angekommen ...

„Natürlich sollt ihr euch später sehen und besuchen dürfen. Aber wir bitten Dich, Geduld zu haben. Wir sind überzeugt, daß Du damit Nunu sehr hilfst. Vielleicht bist Du mit dieser Antwort nicht zufrieden. Vielleicht findest Du das nicht richtig, was wir tun. Aber wir glauben, daß es für Nunu das Beste ist. Deshalb können wir uns als Nunus Eltern nicht anders entscheiden." (So hieß es im Brief von Nunus Adoptivmutter an Tadesse.)

Und das ist das Dokument, das uns die Kriminalpolizei nach Tadesses Tod aushändigte:

"Polizeidirektion
Empfangsbescheinigung
Schwäbisch Hall
Abt. II Kriminalpolizei

Empfangsbescheinigung:
Hiermit bestätige ich, durch die Kriminalpolizei Schwäbisch Hall nachstehende Gegenstände ausgehändigt bekommen zu haben:
1. Eine Jeanshose Marke ‚Jingler's'
2. Ein Paar braune Kindersocken mit dunkelbraunem Ringelrand
3. Eine Busfahrkarte, Monat September, der Fa. Hafner, ausgestellt auf Tadesse Söhl mit Farbfoto."

Ein paar Jahre nach Tadesses Tod hat Nunu uns ausfindig gemacht und angerufen. Sie war jetzt vierzehn Jahre alt und ging in einem Internat zur Schule.

"Ich lade Dich ein ins Internat. Wir führen eine Oper auf. ‚Die verkaufte Braut'. Da sing ich mit. Bitte komm."

Ich bin hingefahren. Es war eine herrliche lebendige Aufführung. Die Kinder sangen herzerfrischend. Seit mehreren Jahren hatten wir uns nicht mehr gesehen. Nunu sagte: "Ich hab' doch so ähnliche Augen wie Tadesse, nicht?"

"Ja", sagte ich, "sehr ähnlich."

Und sie schaute mich mit ihren schönen dunklen liebevollen Augen an.

Dann sagte sie leise:

"Dann muß es doch für dich so sein, als wenn Tadesse in meinen Augen für dich auferstanden ist."

Die Schwestern sagten bei diesem Besuch: "Die Eltern wünschen nicht, daß Sie Nunu schreiben. Post mit Namen Söhl geht an Nunus Eltern. So ist die Anweisung. Wenn nicht Söhl darauf steht, können wir ja nicht wissen, von wem die Post ist." So schrieb ich also immer einen anderen Namen als Absender. Und Nunu bekam unsere Post. Jahrelang. Bis zum 18. Geburtstag. Jetzt schreibe ich wieder Söhl.

Nunu durfte zu Tadesses Beerdigung ein Blumengesteck auswählen. „In herzlicher Verbundenheit Ihre Familie A.", stand auf der Beileidskarte. Ein paar Wochen später kam ein Einschreiben: „Keinerlei Kontakt mehr zu Nunu."

Deutsche Herrenmenschen verwalten Menschenkinder

Nach äthiopischem Recht war Tadesse schon auf unseren Namen adoptiert. Das ganze Adoptionsverfahren war bereits voll abgewikkelt. Da entschloß sich Tadesses Mutter in Afrika, auch Nunu nach Deutschland zu schicken.

„Terre des hommes" erhielt ein Fernschreiben von der Entwicklungshelferfamilie Klein aus Addis, daß Nunu auch adoptiert werden soll. Ein Mitarbeiter von „Terre des hommes" rief bei uns an. Freitagnachmittag. „Ihr müßt euch ganz schnell entscheiden, die in Addis brauchen sofort eine Antwort. Nehmt ihr Nunu auch?"

Wir sagten spontan: „Ja."

„Herr B., ich brauche ganz dringend noch eine zweite Pflegeerlaubnis. Tadesses Schwester Nunu kommt auch mit nach Deutschland!" Das sagte ich Freitag nachmittag dem Amtsleiter des zuständigen Jugendamtes. Es war knapp vor Feierabend. „Nein", sagte Herr B., „die bekommen Sie nicht."

„Und warum nicht?" fragte ich erschrocken. „Ich brauche dringend eine zweite Pflegeerlaubnis für Nunu. Sie kommt auch mit."

„Nein", sagte er, „nein."

„Aber warum nicht?" fragte ich. „Ich brauche sie ganz dringend. Die Geschwister dürfen nicht getrennt werden."

„Sie haben auch ein weißes Pflegekind. Und bei zwei schwarzen Kindern würde das weiße deutsche Pflegekind untergehen. Und darum bekommen Sie keine zweite Pflegeerlaubnis."

„Aber ich brauche dringend eine zweite ..."

„Wenn Sie darauf bestehen, dann bekommen Sie die Pflegeerlaubnis. Gut. Aber dann werde ich Ihnen die Pflegeerlaubnis für das weiße deutsche Kind wieder entziehen."

Gudrun, Pfand vom Jugendamt, schoß es mir durch den Kopf.

Später, nach Tadesses Tod, sagte Herr B., Amtsleiter des zuständigen Jugendamtes, in einem Gespräch mit mir und dem Sozialdezernenten – es ging um Gudruns weiteres Schicksal:

„Krrrrckckss", sagte er und machte mit dem Zeigefinger eine Handbewegung an seinem Hals vorbei und ließ den Kopf kurz nach hinten fallen. „Sie müssen wissen, in dieser Familie, da hat sich vor ein paar Jahren der Adoptivsohnkrrrckckss ... aufgehängt hat er sich, krrrckckss." Und er guckte mich wie blind an. Regungslos saß ich da.

Und so nahm das Schicksal seinen Lauf. In Herr B.s kühler Beamtenseele entschieden. Keine zweite Pflegeerlaubnis.

Am Montag früh gingen wir gleich aufs Amt, Frerich und ich. Aber auch zu zweit schafften wir es nicht.

„Herr B., ich brauche eine zweite Pflegeerlaubnis." Und ich wiederholte, was er am Telefon gesagt hat – Frerich hatte mitgehört –: „bei zwei schwarzen Kindern geht das weiße deutsche Pflegekind unter".

„Frau Söhl, das habe ich nie gesagt ... Nein, niemals. Und eine zweite Pflegeerlaubnis bekommen Sie nicht. Und wenn Sie mit mir vors Verwaltungsgericht ziehen wollen, bitte schön, tun Sie das. Ich habe das nicht gesagt."

„Haben Sie doch gesagt."

„Dauernd hatten wir Ihretwegen Anrufe. Welche, die sich mit vollem Namen gemeldet haben, und auch einige anonyme. Alle waren gegen diese Adoption von diesem Kind aus diesem fremden Land."

„Wer hat Sie angerufen?" fragte ich aufgebracht.

„Persönlichkeiten aus Michelbach und Schwäbisch Hall", sagte er.

„Und Sie sind schon so bekannt wie Ihr bunter Hund in Michelbach und Schwäbisch Hall", fügte die Sozialarbeiterin hinzu.

„Wegen was bekannt?" fragte ich.

„So halt."

„Und wer hat angerufen?" fragte ich nochmals.

„Amtsgeheimnis. Höher gestellte Persönlichkeiten."

„Und woher wissen die von der Adoption??"

Achselzucken. Keine zweite Adoptionserlaubnis.

Später sagten uns die Kleins, als sie aus Addis zurück waren und uns besuchten: „Oh, wart ihr blöd. Wir hätten doch die eine Pflegeerlaubnis zweimal benutzt bei Gericht. Und dann wäre Nunu eben einfach dagewesen, dann hätten die nicht mehr anders können als zuzustimmen."

Und Tadesse fragte: „Warum großer Tadesse in kleine Stadt und kleine Nunu in große Stadt?" Nunu kam in eine Großstadt im Norden. Tadesse nach Michelbach. Beide nach Deutschland. In den Köpfen der Kinder ein einziger Ort.

Deutsche Herrenmenschen haben weiß Gott schon Tradition im Verwalten und Verbringen von Menschenkindern.

„Zeitzeugen des Schreckens . . ."

„Schwester Maria Zimmermann berichtet aus der ‚Hochburg der Barmherzigkeit' über dem Kochertal über die Zwangsräumung des Gottlob-Weißer-Hauses": So lautet der Zeitungsartikel im „Haller Tagblatt" vom 23. 8. 1990:

„Zeitzeugen des Schreckens.

Diskussionen und Vorträge zum Thema Euthanasie.

Im Heim Schöneck stellt man sich mutig der Vergangenheit. Zum Gedenken an die Opfer der Euthanasie vor 50 Jahren und an die Vorgänge im November 1940 in Schwäbisch Hall veranstaltet das Evangelische Diakoniewerk Schwäbisch Hall an vier Tagen im November Diskussionsrunden, Vorträge und einen Tag der offenen Tür mit einem Dia-Vortrag und Konzerten. Bei der Veranstaltungsreihe werden einige Zeitzeugen anwesend sein.

Dazu hat sich Schwester Maria Zimmermann, Geschäftsleiterin von Heim Schöneck, folgende Gedanken gemacht:

‚Wir werden die Erinnerung nicht dazu nutzen, diejenigen zu verurteilen, die damals Verantwortung in unserem Werk trugen. Wir können uns nur mit ihnen beugen unter die Not von Schuld und Versagen.

Vor wenigen Tagen saß ich am Krankenbett einer der wenigen

Schwestern, die uns noch aus eigenem Miterleben berichten können. Sie erzählte von der Zwangsräumung des Gottlob-Weißer-Hauses, eben jenes Gebäudes, das einst als *Hochburg der Barmherzigkeit über dem Kochertal* berühmt wurde. Sie berichtete noch heute verwundert und erschüttert von dem Abtransport derer, die das Los traf, verlegt zu werden. Sie nannte die Namen der Kinder, an die sie mit Liebe und unter Tränen dachte. Einige wenige konnten durch eine fingierte Krankenhauseinweisung gerettet werden. Die andern kamen um.

Sie wußte noch die Plätze und die Namen der Frauen im Wachsaal zu beschreiben, erinnerte sich an die Vorbereitungen der paar Habseligkeiten, die nach Weinsberg mitgenommen werden durften. Viele haben sie nicht mehr gebraucht für die paar Tage, die sie dort noch waren, ehe sie nach Grafeneck weitertransportiert wurden.'

Soweit Schwester Maria Zimmermann."

Tadesse erlebt Großvaters Flucht

Wir sind zu Besuch bei den Großeltern in Schleswig. Heute kocht Großmutter. Bin ich froh, einmal nicht in der Küche zu stehen! Gunnar und Tadesse spickeln auch gleich in Großmutters Kochtöpfen herum. Sehen, riechen, schmecken, was es Gutes gibt. Und Großmutter kocht ausgezeichnet!

„Wer spielt mit mir Malefiz?" ruft Großvater aus dem Wohnzimmer. O ja! Malefiz spielen mit dem Großvater. Schon kommen beide Jungen angesaust. Großvater hat das Spiel schon ausgepackt auf dem Wohnzimmertisch. Ich habe es mir im großen Sessel gemütlich gemacht – einmal richtig faulenzen. Ich ruhe mich aus, schaue den drei beim Würfelspiel zu. Es ist ein Rauswurf-Spiel, das, mit Schwung gespielt, viel Spaß macht.

„Großvater, du warst doch im Krieg. Wie war das? Mutti hat gesagt, du warst auch in Gefangenschaft. Erzähl mal!" sagt Tadesse.

Und Großvater erzählt: „Keine rosigen Zeiten. Ja, mein Junge, das war im November 45. Limburg an der Lahn. Da bin ich in Kriegsgefangenschaft gekommen. Bei den Franzosen. Zuerst in ein ehemaliges Zuchthaus, dann wurde ich verlegt in ein großes Lager bei Remagen. Dreihunderttausend Mann waren da untergebracht."

„Mutti hat gesagt", unterbrach Gunnar, „du bist abgehauen aus der Gefangenschaft. Haben die dich nicht bewacht, und wie bist du denn eigentlich geflohen?"

„Ja, Gunnar, das stimmt, ich bin abgehauen. Geflohen aus französischer Kriegsgefangenschaft. Wie ich abgehauen bin, das ist eine lange Geschichte."

„Erzähl, Großvater, erzähl", bat Tadesse.

„Gut, ich werde es euch erzählen. In der französischen Kriegsgefangenschaft, da habe ich mich immer freiwillig zur Arbeit gemeldet. Drecksarbeit war das! Wir wurden rheinabwärts gebracht nach Remagen. Da mußten wir mit den bloßen Händen den ganzen Tag Briketts auf Lastwagen laden. Riesige Berge Briketts lagen da. Die mußten alle auf die LKWs drauf. Ich wollte fliehen. Mehrere Tage habe ich die Lage genau ausgekundschaftet. Das war, weiß Gott, nicht einfach. Wir waren ja scharf bewacht. Und ich mußte bei einem Haus um die Ecke gucken und sehen, wie es da weitergeht. Habe Rückenschmerzen vorgetäuscht und bin ein paar Schritte seitwärts gegangen, habe schnell einen Blick um die Hausecke riskiert. Da sah ich einen großen Garten. Daran anschließend einen dichten Wald, hügelig nach oben. Und ich habe immer auf einen günstigen Moment gelauert. Eines Tages war es dann soweit. Dicker Nebel kam uns zu Hilfe. Es war nachmittags um 3 Uhr. Da kam ein Jeep mit französischen Offizieren. Die Wachmannschaft salutierte. Gewehr beiseite. Ich habe meinem Kameraden schnell ein Zeichen gegeben. Der kapierte sofort. Und in dem Moment ssssssst, ruck zuck weg und gerannt, gerannt sind wir, was die Beine nur halten. Der Kamerad machte schon gleich schlapp und konnte nicht mehr. Wir rein in eine Mulde. ‚Reiß dich zusammen, sonst muß ich allein weiter!' Der flehte: ‚Nimm mich mit!' Zusammen weitergerannt, immer durch den Wald, durch den dichten Wald im dichten Nebel. Plötzlich Stimmen. Männerstimmen. Zack ins dichte, feuchte Gras. Stille. Gelauscht. Gott sei Dank, es waren deutsche Stimmen. Die Männer kamen näher. Die waren auch geflüchtet, aber von woanders her. Die hatten zufällig andere Deutsche getroffen. Die wollten abends mit einem Boot kommen und die Deutschen rüberbringen über den Rhein. Irgendwo bei Bad Honnef war das.

Den ganzen Nachmittag hatten wir uns im Wald versteckt. Auf die Dunkelheit gewartet. Wir waren jetzt vier Mann. Lagen auf einem Wall im Abstand von ungefähr 50 m und haben gewartet. Auf die Nacht. Dann wollten die kommen mit dem Motorboot. Uns rüberbringen. Plötzlich Stimmen – es war schon dunkel – französische Stimmen! Atem angehalten, nicht gerührt. Ein Franzose ging mit seinem Mädchen auf dem Wall spazieren. Die beiden haben uns nicht bemerkt. Gott sei Dank. Die waren gerade weg. Da ein Pfiff! Alle vier aufgesprungen aus dem Versteck, rein ins Boot – ein Motorboot – und rüber über den Rhein. An der anderen Uferseite ausgestiegen. Ausgesehen haben wir wie die Schweine. Verdreckt, sandverschmiert, die Unterarme zerrissen vom Brombeergestrüpp. Nachtsperre für alle Menschen. Zwei Frauen getroffen auf dem Bahnhof. Um etwas Geld gebeten. Die haben gesagt, unsere Männer sind auch im Krieg. Hoffentlich kommen die auch zurück. Die haben uns Geld gegeben und versprochen, Großmutter zu benachrichtigen, daß ich komme. Das haben sie auch getan. Und Großmutter hat gleich das Geld zurückgeschickt und ihnen gedankt."

Das erzählt Großvater mittendrin im Malefiz. Alle drei haben vergessen zu würfeln. Großvater, Gunnar, Tadesse. Keiner weiß auch mehr, wer dran ist. So gespannt haben die beiden Großvaters Kriegserzählung gelauscht.

„Und dann, Großvater?" rufen beide wie aus einem Mund. „Wie bist du dann nach Hause gekommen nach Schleswig von dem Bahnhof in Honnef?"

„Da habe ich mich erst mal von den anderen getrennt. Alle mußten in andere Richtungen. Jeder ist allein weiter. Erst mal habe ich mich gewaschen an der Bahnhofspumpe. Die Nacht über versteckt in der Dunkelheit. Mütze ins Gesicht gezogen. Gepennt. Dann wurde es wieder hell morgens. Keiner wußte, wohin die Züge gehen auf den Gleisen im Bahnhof. Ratlos stand ich da. Ein älterer Zivilist kam und sagte: ,So wie Sie jetzt stehen ist Richtung Köln-Deutz.' In den Zug eingestiegen. Schwarz gefahren. Weiter nach Hagen zu Verwandten. Gebadet. Oskars Kleidung angezogen. Oskar ist viel kleiner als ich, aber macht nichts. Soldatenzeugs losgeworden. Von Hagen bis Gütersloh mit dem Zug in Oskars Anzug. Viel zu klein.

In Gütersloh auf einem Tender der Lokomotive eines amerikanischen Lazarettzuges. ‚Ich habe dich nie gesehen‘, hat der Lokführer gesagt. ‚Aber vor Hamburg, da fahre ich ganz langsam, da kannst du abspringen. Vom Kohlentender.‘ Das tat er auch. Er fuhr ganz langsam. Und ich konnte abspringen vom Kohlentender. In Hamburg – Bahnhof – wieder versteckt bis zur Dunkelheit, bis zum anderen Morgen. Überall englische Polizei und Bahnhofspolizei. Menschengewimmel. Morgens früh an der Sperre durchgewitscht. Fahrkartenknipser rechts, lange Schlange; links Menschenknäuel. Unter der Sperrkette durch und in der Menschenmenge untergetaucht. Dann bis Neumünster im Zug ohne Fahrkarte. Kein Mensch wußte damals, wohin ein Zug weiterfährt.

Zu Fuß bis Nordhoff. In Nordhoff vor Hunger fast gestorben. Rein in einen Bäckerladen. Um Brötchen gebeten. Die Bäckersfrau schenkte mir eine ganze Tüte frischer Brötchen. Erst mal Brötchen verzehrt, den gröbsten Hunger gestillt.“

„Großvater, du hast ja auch gehungert“, sagte Tadesse.

„Ja, sehr sogar, mein Junge. Von Kartoffelschalen habe ich auch gelebt in der Gefangenschaft. Böse Zeiten. Weiter zu Fuß. Am Ortsausgang traf ich einen LKW. Der hat mich mitgenommen bis Schleswig-Hühnerhäuser. Hühnerhäuser kennst du ja. Und dann eure Mutter – Irmhild-Charlotte. Sie war damals zwei Jahre alt. Sie ist schreiend vor mir weggelaufen. Vor dem schwarzen Mann. Ich war ja noch voll Kohlenstaub und Ruß von dem Tender, wo ich drauf war.“

Tadesse schaute Großvater mit großen Augen an. Sagte nichts. „Und wie lange hat das alles gedauert, deine Flucht, wie lange warst du unterwegs?“ fragte Gunnar.

„Fünf bis sechs Tage“, sagte Großvater. „Und immer war jemand da, der mir weitergeholfen hat, und alles hat geklappt. Gott sei Dank.“

Großmutter deckt den Tisch. „Hans, erzähl den Kindern nicht so viel vom Krieg“, sagte sie. „Die Zeiten sind vorbei. Gott sei Dank.“

„Verrückte Zeiten!“ sagte Großvater.

Und ich kenne die Geschichten ja alle schon. Doch jedesmal

berührt mich das wieder zutiefst. Auch die beiden Jungen sind ganz gefangen vom Kriegserleben des Großvaters. Und die Malefizfiguren stehen unberührt.

Das Fettauge in der Frontsuppe

Nach einem guten reichlichen Essen, das wir voll Dankbarkeit genießen, geht es weiter. Wie Kinder eben sind. Jetzt ist Großmutter dran.

„Und, Großmutter, was hast du in der Zeit gemacht, wo Großvater im Krieg war?" beginnt einer der beiden.

„Ich hatte immer Angst, daß Großvater etwas geschieht, daß er nicht wiederkommt, daß er im Krieg bleiben muß. Und ich war allein mit den beiden kleinen Kindern. Nachts, bei Fliegeralarm, hob ich die Kinder aus den Betten raus, angezogen, mit dem schweren Kinderwagen die Treppe runter. Dann Ingo an der Hand, Irmhild in den Kinderwagen. Losgelaufen. Dann ist mein Vater, euer Uropa, mir immer entgegengelaufen. Bei Fliegeralarm. Nachts. Von der Moltkestraße. Zum Glück ist das ja nicht so weit. In der Gartenstraße haben wir uns meist getroffen bei Fietis Haus oder in der Nähe, bei Osewald. Dann sind wir alle in den Keller von Uropas Haus in der Moltkestraße. Der Keller hat dicke Wände. Bis der Alarm vorbei war, sind wir dageblieben. Schreckliche Zeiten. Aber wir wollen nun nicht mehr über Krieg reden . . .", sagt Großmutter.

„Doch, eins muß ich den Jungs noch erzählen", sagt Großvater. „An der Front. In Holland. Arnheimer Umgebung. Jeder mußte Essen holen aus der Feldküche, immer abwechselnd. In großen Essenkübeln mit zwei Henkeln dran. Schwere Töpfe. Wassersuppe drin. 3–4 Kartoffelstücke für jeden und ein paar Brocken Fleisch. Pferdefleisch."

„Pferdefleisch?" Gunnar schüttelt sich. „Igitt, pfui!"

„Ja, Pferdefleisch von den Jabos."

„Was ist Jabos?" fragt Tadesse.

„Jabos sind Jagdbomber. Pferdefleisch von erschossenen Pferden, von den Jabos. Jabos-Pferdefleisch, ein paar Stücke in Wassersuppe mit Kartoffeln. Und ich war dran. Zum Essenholen für alle.

Das ging alles ganz militärisch zu. Selbst das Essenholen. Pfiff. Sprung auf, marsch, marsch zur Feldküche. Zwischendrin in Deckung, weil immer geschossen wurde. An der Feldküche angelangt. Eßgeschirr abgesetzt, gefüllt, zurück. Ohne umzukippen, gefüllt zurück. Ja nichts verschütten. Immer wieder Schüsse. Aufpassen, in Deckung mit Suppentopf und ja nichts verschütten von der kostbaren Suppe. Essen verteilt. Der Chef kam, ein Oberarzt. Wir waren ein Sanitätszug. Er guckte in mein Eßgeschirr: ‚Lagemann!‘ brüllte er. ‚Sie haben sich die beste Suppe rausgefischt! Ich sehe zwei Fettaugen!‘ Einmal hat er zu mir gesagt an der Front: ‚Sie haben ja Ihre Pflicht gegenüber Adolf Hitler – dem Führer – erfüllt. Zwei Kinder gezeugt. Sie können ruhig fallen. Aber ich muß noch leben. Dem Führer Kinder zeugen.‘ Er hatte ein uneheliches.“

„Hans, halt, aufhören! Jetzt ist genug vom Krieg!“ sagte Großmutter.

„Großvater, du weißt doch, wie schlimm Hunger ist! Und wenn ich groß bin, gehe ich zurück nach Äthiopien und gründe eine Rinderfarm. Niemand soll mehr Hunger leiden in meinem Land!“

Das hat Tadesse noch im Sommer vor seinem Tod zum Großvater gesagt, als die Großeltern uns in Michelbach besuchten. „Niemand soll mehr Hunger leiden in meinem Land ...“ Niemand mehr.

Verstopfte Ohren

Weitere Bemühungen um ein Wiedersehen der Kinder. Wir wandten uns an Herrn Z. vom Kinderhilfswerk „Terre des hommes“. Ich glaube, er hat damals mit den Adoptiveltern von Nunu gesprochen, hat sie wohl auch besucht. Und auch an die Familie Klein haben wir uns gewandt, die Adoptionshelfer aus Addis, die jetzt in Norddeutschland wohnen, auch sie sind Adoptiveltern: von Daniel und Hannah aus Äthiopien. Kleins haben die Familie besucht und sich bemüht, ein Treffen der beiden Kinder zu erreichen. Tadesse wurde in Aussicht gestellt, eventuell in den Herbstferien zwei bis drei Tage Familie A. besuchen zu dürfen. Ein halbes Jahr Wartezeit noch – und dann auch nur vielleicht die Möglichkeit, Nunu zu sehen!

Tadesse hatte selbst an Herrn Z. geschrieben. Und hier der Briefwechsel zwischen Herrn Z. und Tadesse:

„Haben Sie mit Nunu gesprochen? Ich will Nunu aber so gerne sehen. Wenn nicht, dann gehe ich zum Kindergericht. Wenn A.s mir immer noch nicht Nunu zeigen, dann komme ich einfach zu ihr. A.s wollen, daß Nunu mich vergißt. Aber das soll ihnen nicht gelingen. Nämlich ich werde sie auffischen. Ich werde nie Nunu vergessen.
Bitte lesen Sie Nunu allein vor, was ich auf dem andern Blatt schreibe. Danke von Tadesse Söhl."

Der beigelegte Brief an Nunu:

„Liebe Nunu,
geht's gut? Mir geht's gut.
Willst Du, daß ich Dich besuche,
oder hast Du mich vergessen?
Du bist doch meine Schwester.
Und ich bin Dein Bruder.
Dein Tadesse."

Die Zeilen „willst Du, daß ich Dich besuche" und „oder hast Du mich vergessen" sind am Rande umklammert von drei immer größer werdenden Fragezeichen.

Fragezeichen, die aussehen wie große Ohren.

Jugendamtsleiter-B.-Ohren, Dr.-theol.-A.-Ohren, Gottes Ohr. Verstopfte Ohren?

Man kann sie nur reinigen mit mehr Liebe. Mit einer viel größeren Portion Liebe, als ich zur Zeit noch habe, den Menschen sehen, nicht sein gemeines Verhalten, das gemeine Verhalten abkoppeln. Und wenn es auch noch so abscheulich ist, abkoppeln wie einen Eisenbahnwaggon. Nur den Menschen sehen. Und ihn wenigstens annehmen als Menschen, wenn lieben schon nicht geht. So wie er ist mit seinem steinernen Herzen und verstopften Ohren.

Und Gott lieben, auch wenn er dein Schreien nicht hört, vielleicht reglos dasitzt und sich die Ohren zuhält vor deinem Geschrei. Wenn du wieder einmal meinst, seine Ohren sind so voll verstopft, daß er absolut taub ist und blind dazu und wünschtest, ihm eine Herztransplantation für alles Leid der Erde, für hungernde Kinder überall, für sechstausend abgeschlachtete Oberschüler in Burundi – noch nicht lange her –, für lebende Kinderskelette in Rumänien, für die Nachbarin, wie direkt neben mir geschehen, die hoffnungsfroh aus der DDR kam und von ihrem Mann erdrosselt wurde, für ihre Kinder in der Todesstille ihrer Verzweiflung. Lieber Gott, zeig dich wieder! Morgen wird sie beerdigt. Meine Nachbarin, die mutige Frau aus Meißen, die sich durchkämpfte für ein besseres Leben für sich und ihre Kinder, wie Tadesse es auch wollte für seine Familie und sich. Auswandern aus dem Land des Schreckens in ein Land des Wohlstands, der Sicherheit und Freiheit ...

Gott lieben trotz allem, wenn du wenigstens in einigen kurzen Augenblicken dieses Kunstwerk vollbringst und die Menschen liebst und nicht verzagst trotz allem Bösen und nicht zerbrichst, wenn alles um dich herum zerbröckelt, dann wird dir geholfen, dann nimmt Gott seine Finger aus den Ohren und öffnet seine Augen und wendet sich ganz dir zu ...

Hochtrabende Namen, Titel der Unbescheidenheit. Bezeichnungen menschlicher Überheblichkeit enden oft erbarmungslos in der Katastrophe. Das ist mir aufgefallen. Gottlob-Weißer-Haus, Hochburg der Barmherzigkeit über dem Kochertal – und schickt seine Kinder in den sicheren Tod.

Titanic, der Luxusdampfer, der als erstes unsinkbares Schiff gefeiert wurde, rammte einen Eisblock, versank jäh in den Wasserfluten in Saus und Braus und mit Mann und Maus.

Challenger (= Herausforderer!), die Raumfähre, die mit den Astronauten an Bord kurz nach dem Start in Flammen aufging und verbrannte.

Gott läßt sich nicht herausfordern.

„Rainbow-Warrier", das Greenpeace-Schiff, ging unter, und die Atomkraftwerke sind todsicher.

Tadesse, warum?

Ich war überzeugt, jedenfalls *ein* Kinderleben aus dem Dritte-Welt-Elend retten zu können ... mit aller Kraft unserer ganzen

Familie und aller Liebe. Und doch ... der liebe Gott konnte sich kaum etwas Schrecklicheres ausdenken als diesen Kindertod von Tadesse. „Tadesse, warum?" ... Der Titel des Buches war als Frage in mir seit seinem Tod. In Gedanken geschrieben. Nicht lesbar für andere.

Und plötzlich doch so eine Art himmlischer Hilfe, das Buch wirklich zu schreiben!

Zunächst das wunderbare Zusammentreffen mit Gunnar Hasselblatt durch den „Zeit"-Leserbrief. „Zufällig" war der Leserbrief sogar am 12. Mai erschienen – Tadesses Ankunftstag in Deutschland. Tadesse kannte Gunnar Hasselblatt vom Hörensagen. Wir hatten unseren Kindern öfters Reiseberichte über Äthiopien von Gunnar Hasselblatt vorgelesen und gezeigt. Und Tadesse freute sich sehr: „Der war auch in Äthiopien und heißt Gunnar wie mein Bruder!"

Lebende bekommen Impulse von Toten. Im Traum hast du manchmal Glück; wenn du gut aufpaßt, erhaschst du vielleicht so einen kleinen Zipfel ewiger Wahrheit im losen Ahnen. „Tadesse, warum?"

Jeden Abend vor dem Einschlafen hab' ich mir den Kopf zermürbt mit dieser quälenden Frage. Irgendwann kommt dir die ganze Warum-Fragerei unsinnig vor. Das ist, als wolltest du am laufenden Band Schneebälle rösten oder einen Fetzen Sonnenschein mit einem Staubsauger aufsaugen. Dann weißt du, daß du diese Frage nie auflösen kannst. Das Rätsel des Todes bleibt. Tausend neue Warums stehen auf, wenn ein Warum beantwortet ist. Tadesse, nur du allein weißt die Antwort. Vielleicht noch Gott, aber der sagt mir nichts. Tadesse, warum? Sag es mir bitte, wo immer du auch bist! Sag es mir!

Und dann hatte ich einen Traum. Und Tadesse kam angerannt. Mit offenem Anorak. Wie immer. Die Zipfel von seinem roten Anorak flatterten im Wind. Tadesse strahlte nun glücklicher als dreizehn Monate Sonnenschein ...

„Tadesse, warum?" habe ich gefragt. Und er hat zu mir gesagt: „Mutti, ich habe jetzt eine andere Aufgabe. Das verstehst du nicht. Ich erklär' es dir später."

Eine kurze Augenblicksbegegnung in einer anderen Welt.

Dieses Traumerlebnis brachte mir bei einem Humanmediziner

die spöttische Bemerkung ein: „So so. Aha. Kontakt mit Verstorbenen. Allerhöchste Alarmstufe! Und was machen Sie, wenn Sie auf dem Friedhof sind?"

In der Woche meines Traumes und der Botschaft von Tadesse habe ich Rona und Gudrun an der Schwäbisch Haller Waldorfschule angemeldet. In dem Aufnahmegespräch mit dem Gründungslehrer der Schule habe ich über unsere Familie berichtet und von Tadesses Tod erzählt. Und dieser Lehrer hat zu mir gesagt: „Tadesse hat jetzt eine andere Aufgabe!" – dieselben Worte. Botschaft meines Traumes. Nochmals aus dem Mund eines anderen. Damit ich es endlich kapiere. „Eh Mutti, bist du hohl!" sagte Tadesse oft zu Lebzeiten, wenn ich etwas nicht sofort verstand.

Tadesse, warum? – warum?

Von Tadesse gibt es ein Selbstbildnis, kurz vor seinem Tod gemalt. Fragezeichen auf beiden Wangen – unterm rechten Auge ein großes Fragezeichen in Länge der Nase und unterm linken Auge auch groß ein spiegelverkehrtes Fragezeichen!

Eine Sonnenblumenmeditation von Christian Morgenstern:

„Nimm einen Sonnenblumenkern und pflanze ihn in der Erde Mutterschoß
und warte andachtsvoll: er ringt sich los,
ein kleiner Stiel reckt sich im Sonnenglanze
er wächst, wird stark und groß,
umarmt von seiner Blätter grünem Kranze –
bis sich das Ganze
sonnenüberglüht
zur Knospe krönt und eine Blume blüht.

Und in der Blüte, Kern an Kern gereiht,
ruht tausendfältig künftige Wesenheit.
Und pflanzest du die tausend Kerne wieder ein,
es wird dasselbe Bild, dasselbe Gleichnis sein.
In tausend Blüten abertausend Keime senke
die Seele allumfassend – und dann lenke
langsam und rückwärtsschauend
die Gedanken heim und denke:
das alles war im ersten Keim."

Licht und Schatten

Tadesses Klassenlehrer im dritten und vierten Grundschuljahr war Herr K. Er war jung und engagiert. Man spürte das in allem: für ihn wurde nichts Routine. Sorgfältig bereitete er immer neu den Unterricht vor. Und Tadesse liebte seinen Lehrer. Er übertrug auch seine Liebe zu ihm auf die ganze Familie seines Lehrers. Oft begegnete er der Frau des Lehrers mit ihren beiden kleinen Töchtern in der Nähe des Sportplatzes. Freudig begrüßte Tadesse jedesmal die drei. Er lachte und scherzte mit den beiden Kleinen und sprach sanft zu ihnen. Und Frau K. sagte: „Es wurde mir immer ganz warm ums Herz beim Anblick der Kinder, besonders der Kinderhände. Tadesses rauhe dunkle Hände streichelten die zarten weißen Händchen von Kathrin und Carolin, die auch Tadesses Hände liebkosten …"

In der Schule hatte dieser Lehrer schnell Tadesses schauspielerisches Talent entdeckt und förderte es sehr. Im Singspiel „Max und Moritz" waren die Hauptrollen von Tadesse und Elisabeth besetzt, beim Räuber Hotzenplotz hatte natürlich Tadesse die Starrolle. Mit lautem Temperament und viel Schwung spielte Tadesse den Räuber Hotzenplotz. Er spielte leidenschaftlich. Gleichzeitig führte er Regie, gab den Zaghafteren ein deutliches Zeichen für ihren Einsatz und soufflierte, wenn jemand steckenblieb. Er kannte alle Rollen auswendig und sprach frei, manchmal mit eigenen Worten. Alle staunten. Tadesse war auch ein außerordentlich begabter Schauspieler.

Im Unterricht dieses Lehrers wurde auch die Hitlerzeit nicht ausgeklammert, ausführlich behandelte er das Leben von Martin Luther und auch das Leben von Martin Luther King, dem Schwarzenführer. Vieles hat er den Kindern nahegebracht, gute Keime gelegt für gegenseitiges Verständnis der Völker.

„Seid Menschen, nicht Nationen!" Das Wort von Erich Kästner wurde gelebt und erlebt.

Auch zu unseren Nachbarstöchtern Heide und Elke, beide einige Jahre älter als Tadesse, entwickelte sich eine herzliche Freundschaft. Er ging dort ein und aus. Beide Mädchen schrieben ihm regelmäßig schöne Urlaubspostkarten. Sonntags morgens ging Tadesse oft zu Heide und schüttete ihr sein Herz aus.

Und unsere Frau Preiß! Wenn wir sie nicht gehabt hätten! Sie half im Haushalt. Sie kam immer dienstags und hat keinen Dienstag ausgelassen, um zu helfen in all den Jahren. Sie kam schon jahrelang vor Tadesse und blieb noch jahrelang nach Tadesse. Vieles hat sie mit uns durchlebt. Sie schenkte uns ihre Kraft und ihre Liebe so lange, bis sie zu Hause bleiben mußte, um ihren kranken Mann zu pflegen. Jeden Dienstag – wenn nötig auch zweimal die Woche – kam sie von Großaltdorf mit dem Bus angereist bis Bahnhof Hessental. Dort stand sie in aller Frühe und bei jedem Wetter, und dort holten wir sie mit dem Auto ab und brachten sie mittags dorthin zurück. Frau Preiß hatte selbst zu Hause einen Bauernhof. Sie brachte immer beste Laune mit, Freude an der Arbeit, hatte Spaß an den Kindern. Sie kochte dienstags für die ganze Familie Gerichte aus der schwäbischen Küche, handgeschabte Spätzle mit Soße und grünem Salat – den sie oft aus dem eigenen Garten mitbrachte, Suppe mit Kartoffelschnitz und Spätzle und Gemüse, Tomaten mit Reis und frischen Eiern von Preissens freilaufenden Hühnern, sie buk duftenden Kuchen, Rhabarberkuchen, Zwetschgenstrudel, Apfelkuchen mit Guß, Berge von Waffeln und Pfannenküchle und brachte sogar den Kindern und uns Geburtstags- und Weihnachtsgeschenke – selbstgebackene Plätzchen, Weihnachtsgebäck und in der Karnevalszeit Fastnachtsküchle von zu Hause mit. Sie hörte den Sorgen von Groß und Klein aufmerksam zu, ha ja, und ihr Frohsinn und ihre herzliche Zuneigung zu allen Kindern tröstete und trocknete manche Kindertränen. Sie spielte mit dem „Strümpfele" (Rona) und schimpfte auch mal herzhaft mit dem „Muschterle" (Gudrun), wenn die mal wieder borschtig war. „Strümpfele" und „Muschterle" zusammen hießen die Schlumperle. Ihre Riesenportion von gutem schwäbischem Humor tat uns allen gut und half über manches Unheil hinweg. Frau Preiß half auch Gunnar und Tadesse beim Buchstabieren und Lesenlernen, bügelte haufenweise Wäsche, flickte Zerrissenes, nähte „abbe Knöbbe" dran.

„Soll ich vielleicht bei zuen Rolladen abbe Knöbbe annähen?" So hieß das auf flensburgisch, und das war auch zeitweise mein Lebensgefühl, besonders was meine eigene Ohnmacht anging.

Und Frau Preiß hatte immer das Mittagessen fertig gerichtet, wenn ich nach Hause kam. Denn dienstags war mein freier Tag, da konnte ich tun, was ich wollte. Oft ging ich schwimmen und kam gut erholt mit neuen Kräften nach Hause zurück. Und Frau Preiß hatte beim Bügeln auch alle Kinderstreitereien gleich mitgeglättet.

Ostern lud Frau Preiß die ganze Familie zu sich auf ihren Bauernhof ein. Da gab es guten Kuchen in der gemütlichen Stube und herrlichen Kaffee und Kakao für die Kinder. Alle waren eingeladen. Dann waren auch ihre erwachsenen Kinder da, Margret, Hans und Manfred und ihr lieber Mann Fritz. Alle kümmerten sich herzlich um die Kinder. Der Vater zeigte ihnen in der guten Stube schöne Bücher und draußen Schäfle und Lämmle. Und ein ganz dunkles war auch immer dabei. Die Kinder durften noch im Garten bunte Ostereier suchen, und wir alle zusammen hatten viel Osterfreude.

Ein Lichtpunkt aus Freiburg war Regelind, die Kindergärtnerin, die Tadesse in Addis kennenlernte noch vor den Kleins. Von der Mutter in Afrika an sie verschenkt damals – Regelind konnte Tadesse nicht mitnehmen nach Deutschland. Sie war alleinstehend. Sie schrieb Tadesse hin und wieder liebe Briefe und bunte Postkarten, machte ihm sogar ein ganzes Fotoalbum zurecht über die Zeit in Addis und Tadesses Kindergartenzeit. Tadesse war auf vielen Fotos selbst drauf, sei es als Priester mit einem schwarzen Umhang und einem Kreuz in der Hand, bei einer Kinderhochzeit mit alten Pappkartons, oder beim Dreikönigsspiel als Sternsinger. Sorgfältig hatte sie für ihn alle Fotos beschriftet, deutsch, und Tadesse malte oft die Schriftzeichen ab und vergaß so nicht ganz seine Muttersprache.

Auch Günther, der Medizinstudent aus Würzburg, kam zu allen Jahreszeiten mal rein und besuchte uns und seinen äthiopischen Freund Tadesse. Er wollte Tadesse damals auf dem Flug von Addis hierher begleiten, doch die Ausreise zog sich so in die Länge, daß es nicht mehr klappte.

Günther kam zu Tadesse, er war inzwischen längst Doktor. Immer wieder berichtete er Tadesse Interessantes aus Äthiopien und schenkte ihm ein schönes Eisenkreuz mit einem Lederband aus seiner Heimat. Der Verlust der Heimat wurde gemildert durch dieses Andenken.

Licht und Schatten, Tadesse hat beides erlebt.

Tadesse Söhl 24. 1. 1980.

In Zeichnungen verglich Tadesse die Deutschen und die Äthiopier. Da steht zum Beispiel ein Mann, breitbeinig, in glatter Uniform, feste Springerstiefel an den Füßen, breiter Gürtel, faltenloses Gesicht mit Schnurrbart, Hände in die Hüften gestützt. Oberhalb des Kopfes nochmals das Gesicht, doppelt eingekreist. Darin drumherum geschrieben: „Uns geht's gut – was wollen wir mehr ... Der Deutsche". Trennstrich.

Im Hintergrund ein Baum. Davor ein Äthiopier, barfuß, nackter Oberkörper, zerrissene Hosen, Hände hinterm Kopf verschränkt. Ein rauchendes Gewehr neben sich. Falten und Tränen im Gesicht. Rippen hervorstehend, überdeutlich sichtbar. Auch sein Gesicht oberhalb des Kopfes noch einmal gemalt, doppelt eingekreist, darin rundum geschrieben: „Er bekommt kein Wort heraus". Acht Pfeile weisen auf das bärtige, faltige, traurige Gesicht des Mannes aus Äthiopien.

Eine Geschichte, die Tadesse sehr amüsiert hätte. Ich denke, er lacht von der Wolke herunter. Die Geschichte bekam ich bei einem Besuch in Schleswig von meiner Tante Anne. Nach seinem Tod. Sie hatte die Geschichte in den „Schleswiger Nachrichten" entdeckt für uns. Und irgendwie war das für mich auch wieder so ein kleiner Gruß von meinem schwarzen Engel, den ich hier weitergeben möchte:

„Letzten Montag vormittag, es war einer von diesen drückend schwülen Sommertagen, war ich in der Stadt, um das nötige Geld für unseren bevorstehenden Sommerurlaub von der Bank abzuheben. Da ich wußte, daß die Kinder bei meiner Mutter gut aufgehoben waren und daß mein Mann sowieso in der Kantine seines Betriebes aß, beschloß ich, mein Mittagessen in der Stadt einzunehmen. Ich war schon seit dem frühen Morgen auf den Beinen und freute mich darauf, die Füße wenigstens für einen Augenblick unter den Tisch zu stecken. So betrat ich ein Kaufhaus und ließ mich vom Strom der Menschen zur Rolltreppe drängen. Nur langsam gelangte ich über die Rolltreppen in den 4. Stock hinauf. Ich betrat das angenehm kühle Selbstbedienungsrestaurant, nahm ein Tablett und reihte mich in die Schlange der hungrigen Menschen ein. Dabei studierte ich das Angebot der Speisen und entschied mich für das Tagesmenü: Kohlrouladen mit Salzkartoffeln. Das Mädchen hinter der Theke klatschte die Speisen auf den Teller. Sofort wurde ich von den hinter mir Stehenden zur Kasse weitergeschoben. Ich bezahlte, suchte mir einen freien Tisch und stellte meine Handtasche auf den Stuhl neben mir. Gleich darauf stellte ich fest, daß ich noch einmal aufstehen mußte, da ich mein Besteck vergessen hatte. Ich ging also zur Theke und besorgte mir Messer und Gabel. Als ich nun zu meinem Tisch zurückkam, sah ich zu meinem größten Erstaunen, daß sich ein junger Neger mein Essen offenbar gut schmecken ließ! Ich ließ mich ihm gegenüber auf den Stuhl fallen und war so perplex, daß ich nicht wußte, was ich tun sollte. Zudem verwirrte mich noch das Lächeln des jungen Mannes. Wieder zu mir gekommen, nahm ich mein Besteck und aß vom gleichen Teller mit. Zu meiner größten Verwunderung verstärkte sich das Lächeln des jungen Mannes merklich, und er schob mir das Tablett sogar weiter in die Tischmitte. Als wir zu Ende gegessen hatten, war sein Lächeln zu einem breiten Grinsen geworden. Nachdem er sich mit einem freundlichen ‚Good-bye' verabschiedet hatte, verließ er leise lachend das Restaurant. Immer noch reichlich verwirrt bemerkte ich, daß ich mich mit Soße bekleckert hatte. Also wollte ich mit einem Taschentuch den Fleck entfernen, und dabei stellte ich blitzartig fest, daß meine Handtasche verschwunden war. ‚Das viele Geld, sollte er etwa …?' Angstvoll sprang ich auf und hielt nach dem jungen Neger Ausschau. Dabei fiel mein Blick auf den Nachbartisch und was ich da sah, nahm mir fast den Atem. Ganz, ganz langsam stieg mir eine heiße Röte ins Gesicht. Vor Schreck setzte ich mich erst mal wieder hin. Denn am Nebentisch standen völlig unversehrt meine Handtasche und die inzwischen kalt gewordenen Kohlrouladen!"

Uhren können schrecklich langsam laufen

Das Leben ging weiter. Lange Tage und zahlreiche Ereignisse lagen zwischen Tadesses und unserem Hilfegesuch um ein Wiedersehen der Geschwister an Herrn Z. und dessen Antwort. Und für Kinder laufen die Uhren schrecklich langsam, wenn sie etwas sehnlichst erhoffen! Und Tadesses Trennungsschmerz ließ keineswegs nach.

Hier der Antwortbrief von Herrn Z. an Tadesse:

Lieber Tadesse,
vielen Dank für Deinen Brief. Ich habe Deine Grüße an Nunu
noch nicht bestellt, denn ich habe grade so viel Arbeit, daß ich
noch keinen Besuch dort machen kann. Es ist aber auch wohl
nicht so eilig, denn von Deinen Eltern höre ich, daß Du Nunu in
den nächsten Ferien oder spätestens in den übernächsten Ferien
besuchen kannst. Das ist ja auf jeden Fall nicht länger als ein
halbes Jahr, und ich hoffe, daß Du noch soviel Geduld hast.

Ganz bestimmt irrst Du Dich, wenn Du glaubst, daß Nunus
Eltern wollen, daß Deine Schwester Dich vergißt. Das ist Unsinn,
und Du solltest den Gedanken möglichst schnell aus Deinem
klugen Kopf verjagen. Nunu ist ein fröhliches kleines Mädchen,
und sie hat sehr liebe Eltern gefunden. Wenn Du drohst, zum
Kindergericht zu gehen, werden sie mit Recht sehr ärgerlich auf
Dich, und damit kannst Du sicher nichts erreichen. Du möchtest
doch wohl nicht, daß die ganze Familie A. wütend ist, wenn Du
zur Tür rein kommst? Freu Dich lieber darauf, daß Du Nunu
besuchen kannst, und sei ganz beruhigt – es geht ihr gut.

Übrigens werde ich Deinen Brief Nunu vorlesen, wenn ich sie
mal sehe, aber nicht, wenn sie allein ist. Ich möchte nichts hinter
dem Rücken ihrer Eltern tun, das fände ich nicht gut. Versuche
mal Dir vorzustellen, es wäre umgekehrt. Es wäre doch auch nicht
richtig, wenn A.s heimlich mit Dir Kontakt aufnähmen, ohne daß
Deine Eltern es erführen.

Ich freue mich, daß ich ein so hübsches Foto von Dir und
Deinem Pony habe. Grüß Pinocchio von mir.

Und an uns:

Liebe Frau Söhl, lieber Herr Söhl,
von Kleins höre ich, daß A.s wahrscheinlich bereit sind, Tadesse
schon in den Sommerferien „auf der Durchreise" Nunu sehen zu
lassen. Das Angebot, ihn in den Herbstferien für ein paar Tage zu
Besuch kommen zu lassen, fand ich annehmbar.

Auf jeden Fall sollte Tadesse versuchen, sich mit den Möglich-
keiten, die angeboten wurden, zunächst zufriedenzugeben. Jeder

weitere Versuch, Einfluß zu nehmen, würde sicher zu einer weiteren Eskalation führen. Hoffentlich gelingt es Ihnen, bis dahin seine fixe Idee etwas abzubauen, sonst gibt es sicher eine unerfreuliche Situation, wenn er voller Abwehr und Mißtrauen ankommt. Mit dem Gericht zu drohen, halte ich für ganz schlimm. Das wird bestimmt nicht gut aufgenommen. A.s müßten schon Engel sein, wenn sie solche Aggression, auch wenn sie von einem Kind kommt, ohne Auswirkung auf späteres Wiedersehen akzeptieren könnten.

Unter den gegebenen Umständen ist es wohl das Beste, wenn Sie Tadesse nicht zu dem Besuch begleiten – ich persönlich finde es schade, aber es gibt ja wohl so etwas wie „Unverträglichkeit der Charaktere" zwischen Menschen, die eigentlich sehr viel gemeinsam haben – wenn auch nicht den Lebensstil, so doch bestimmte Überzeugungen. Wenn eine gegenseitige Abneigung sich mal so richtig eingenistet hat, kann man wohl nicht mehr viel machen ...

Vielen Dank für die Fotos – ich fand es schön, daß wir uns kennenlernen konnten.

Herzliche Grüße

Keine Ohren da?

Und hier das Dokument der Adoption:

Übersetzung
12. 4. 1976

Addis Adaba Awranja Gericht
Provisorische Militärregierung
des Sozialistischen Äthiopien
ADDIS ABEBA

Akten-Nr. 3299/68

Richter: Ato Gabre Awoke

Nachdem ich in der auf Wiedervorlage für heute zu mir gekommenen Akte eine eingehende Untersuchung gemacht habe, habe ich den folgenden Beschluß gefaßt:

BESCHLUSS

In dem Gesuch der Frau Tehun Abebe vom 10. Januar 1976 wird
dem Gericht der Antrag gestellt, daß sie ihren sechsundeinhalbjäh-
rigen Sohn Tadesse Bezabeh, dessen Vater nicht mehr am Leben
sei, zur Adoption an das Ehepaar Frerich und Irmhild Söhl gibt.
Die Antragstellerin ist völlig damit einverstanden, ihr Kind dem
Ehepaar zur Adoption zu geben. Ein Adoptionsvertrag beiderseits
ist vorgelegt worden. Nach dem Civil Code No. 804 haben beide
Seiten, die zweite vertreten durch Herrn und Frau Falkenstoerfer,
um Erledigung der Adoption gebeten.

Das Gericht hat den Antrag angenommen, nachdem es festge-
stellt hat, daß niemand erschienen war, der Bedenken gegen den
Antrag hat. Eine Anzeige war im Addis Zemen No. 957, 36. Jahr,
erschienen. Zeugen sind erschienen und haben bestätigt, daß sie
Frau Tehun Abebe kennen und daß diese ihren Sohn Tadesse
Bezabeh zur Adoption an Herrn Frerich und Frau Irmhild gegeben
hat. Die Adoptiveltern haben auch bestätigt, daß sie den Adoptionsvertrag angenommen haben. Der Adoptionsvertrag ist am 10.
Januar 1976 geschrieben worden. Der Adoptionsvertrag ist auch
vorgelegt worden.

Da das Kind Tadesse Bezabeh einwandfrei der Sohn von Frau
Tehun Abebe ist und niemand erschienen ist, der gegen die
Adoption Bedenken hat, hat das Gericht nach dem Zivilprozeß
No. 804–805 den Vertrag gebilligt und das Kind zur Adoption den
Adoptionseltern gegeben.

Nach dem Zivilprozeß No. 996 soll den Antragstellern eine
Bestätigung gegeben werden.

Für die Richtigkeit der Abschrift
Ato Gabre Awoke
      S.
gez. Mekonnen Tadesse   Unterschrift des Richters

Eine Geschichte, die ich irgendwo gelesen habe und die meine
Situation treffend beschreibt: Ihr Titel: „Wo bist du gewesen,
lieber Gott, als es mir so schlechtging?"

Ein Mann kommt zu Gott in den Himmel. „Was soll ich hier bei dir?" fragt der Mann. „Warum holst du mich zu dir, jetzt, wo ich gestorben bin? Ich glaube, ich bin mein ganzes Leben lang ohne dich ausgekommen. Ich habe nie etwas von dir gemerkt." – „Komm mit", sagt Gott, „ich will dir etwas zeigen." Er führt den Mann zu einem großen Feld. Von dem einen Ende des Feldes führt eine Spur zum anderen Ende. Mal gerade, mal in Zickzacklinien oder in großen Kurven, mal auf Umwegen, manchmal im Kreis. „Siehst du die Spur?" fragt Gott den Mann. „Dein Leben hat diese Spur hinterlassen." – „Ja, ich erkenne die Spur", sagt der Mann, „aber woher kommt dieses zweite Paar Schritte neben meinen?" – „Das sind meine Fußtritte", sagt Gott. „Ich bin die ganze Zeit neben dir gegangen. Du hast es nur nicht gemerkt." – „Aber hier", sagt der Mann, „siehst du diese kurvige Strecke? Da ist nur ein Paar Schritte zu sehen. Gerade in der Zeit ging es mir so schlecht, und ich habe mich allein gefühlt. Damals hätte ich dich wirklich brauchen können. Wo bist du gewesen?" – „In der Zeit", sagt Gott, „als es dir so schlechtging, da habe ich dich getragen."

Zwei Stunden in fünf Jahren

Endlich Besuchserlaubnis. Für zwei Stunden auf der Durchreise. Pünktlich um 15.00 Uhr waren wir dort. Bei den Adoptiveltern Nunus.

Nunu stand schon oben an der Treppe. Artig sagte sie: „Guten Tag!" Und damenhaft-höflich zu uns hinab: „Meine Eltern möchten nicht gestört werden, die lesen gerade!"

Sie sprach gutes Hochdeutsch mit leichtem Dialektanklang. Tadesse schwäbelte im Hochdeutsch. Zuletzt hatten sich die beiden Geschwister in Äthiopien in Addis gesehen. Vor mehr als zwei Jahren. Lange, lange her! Da hatten sie amharisch gesprochen miteinander. In einer anderen Welt.

„Tadesse und Tycho dürfen reinkommen, haben meine Eltern gesagt", sagte Nunu.

Rona und Gudrun und Frerich und ich standen unten an der Treppe mit Tycho und Tadesse. Tadesse und Tycho eilten die Treppe hinauf. „Guten Tag, Nunu!" riefen wir noch.

„Also dann tschüs, viel Spaß!"

Nunu drehte sich noch einmal um. „In zwei Stunden sollt ihr wiederkommen. Um 17.00 Uhr. Aber pünktlich. Haben meine Eltern gesagt. Tadesse und Tycho wieder abholen."

Tadesse hatte noch kein Wort herausgebracht. Nicht mal Grüß Gott. Tycho hatte auch nichts gesagt. Nicht mal hallo!

So ist es, wenn es einem die Sprache verschlägt. Beide Jungen hatten sich extra fein gemacht für den Besuch bei Nunu. Kaum wieder zu erkennen die beiden schniefnasigen, taschentuchlosen, schnürsenkel- und hosenladenoffenen Brüder-Genossen!

Wir liefen zwei Stunden durch die Stadt.

Punkt 17.00 Uhr holten wir Tycho und Tadesse wieder ab.

„Was haben die bloß aus meiner Schwester gemacht, die kann ja nicht mal mehr richtig lachen!" sagte Tadesse im Auto.

Und bei dieser Zwei-Stunden-Begegnung der beiden Geschwister blieb es sehr lange Zeit. Nunus Adoptiveltern hatten die ursprüngliche Einladung für Tadesse, seine Schwester zwei bis drei Tage in den Herbstferien zu besuchen, wieder zurückgezogen. Zwei Stunden in fünf Jahren reicht.

Brief- und Telefonkontakte wurden spärlich geduldet. Nur zu besonderen Anlässen wie Weihnachten und Geburtstag. Selbst im Knast ist man heutzutage großzügiger.

Gut drei Jahre nach dem Zwei-Stunden-Wiedersehen der Kinder teilte uns Nunu in einem kleinen Brief zu Weihnachten mit, daß Mama und Papa es uns erlauben, daß sie uns für zwei bis drei Tage besuchen darf. Bringen und Holen war unser Problem. Wir waren alle freudig überrascht. Sofort mieteten wir ein Ferienblockhaus im Westerwald, um mit Nunu und Tadesse dort ein paar schöne Tage zu erleben. Wir wollten nicht die ganze Zeit mit Holen und Bringen verbringen.

So konnte Nunu leider Tadesses Zuhause nicht sehen und auch nicht die ganze Familie kennenlernen. Doch wir waren guter Dinge und glaubten, das Eis sei gebrochen, die Zeit hätte für uns gewirkt und in Zukunft würden die Kinder sich freier begegnen können.

Zusammen mit Tadesse, Gunnar und Rona holten wir Nunu zu Hause ab. Sehr zurückhaltende Begrüßung. Auch von Nunu. Sie hieß inzwischen nur noch Esther.

Wir wurden sogar hereingebeten dieses Mal und zum Essen eingeladen. Die Eltern waren freundlich reserviert. Sie sehr bieder, die einzige Untat ihres Lebens vielleicht, einmal als Kind auf dem Sofa herumgehopst zu sein, wobei ein paar Sofafedern zerkrachten. Er, Herr Dr. A., jungenhaft, erinnert an den Buben auf dem Verkehrsschild „Achtung Kinder!" Zwei schwarze Kinder auf weißem Grund mahnt ein Verkehrsschild.

Wir löffelten Graupensuppe.

Tadesse fragte den einen Jungen: „Spielst du auch Fußball?"

Der sagte etwas verlegen: „Ja", und nach einer nachdenklichen Pause: „Das heißt, ich spiele nur theoretisch Fußball."

Tadesse traute seinen Ohren nicht. „Wie spielst du Fußball?" fragte er. Und die Antwort wieder: „Ich spiele nur theoretisch Fußball, nicht praktisch."

„Und wie machst du das?" fragte Tadesse hartnäckig.

„Ich befasse mich mit der Theorie des Fußballs", war die Antwort.

„Ach so", sagte Tadesse.

Im Auto nachher sagte mir Tadesse leise ins Ohr: „Mutti, weißt', wie's mir vorkommt?"

„Nein", sagte ich.

„Die leben nur theoretisch! Die ganze Familie lebt nur in der Theorie!" flüsterte er.

„Hm", sagte ich.

Und Nunu lachte und erzählte ohne Punkt und Komma die ganze Zeit und ohne Pause. Man kann das selbst ausprobieren, wie es ihr ging. Man nehme eine Sprudelflasche und schüttle sie kräftig durch. Man hält den Daumen fest drauf – und nimmt ihn dann plötzlich weg ... – Nunu sprudelte und sprudelte wie übergelaufen. Ihre ersten Worte bei uns im Auto: „Warum durfte ich nicht zu euch, warum wolltet ihr mich nicht?"

Nunu sprudelte die ganzen drei Tage, und die Nächte dazu. Bis zum Rückweg. Da wurde sie plötzlich ganz stille, bekam Bauchweh und hatte einen Kloß im Hals. Alle paar Kilometer mußten wir anhalten und an die frische Luft.

Es war das letzte Mal, daß sie sich sahen, Tadesse und Nunu.

Zu Hause wurde sie frostig begrüßt: „Ach da ist sie ja, die kleine Hexe!" sagten die Mutter und der Vater beim Ausladen des

Gepäcks. „Es wäre sowieso besser, der Koffer wäre gleich drin geblieben im Auto ..."

„Ich muß die Eltern meiner Schwester mit Sie anreden", beklagte sich Tadesse. „Die haben nicht gesagt, kannst ‚du' sagen zu uns. ‚Frau A.' und ‚Herr Dr. A.' muß ich sagen zu den Eltern meiner Schwester!"

Wir hatten zu Nunu gesagt: „Nenn uns beim Vornamen Irmhild und Frerich und natürlich du und nicht Sie."

„Das tut man nicht", sagte Nunu. „Erwachsene mit du und Vornamen anreden. Das ist unanständig. Sagen meine Eltern."

„Die müssen das ja auch nicht tun", habe ich gesagt, und Nunu hat gelacht.

Sie tat einfach alles „gesittet", was sie tat.

Man hörte es von morgens bis abends: „Ich gehe gesittet, ich wasche mich gesittet, ich kämme mich gesittet, ich dusche mich gesittet, ich esse gesittet, wir sind eine ordentliche Familie. Wir sind anständige Leute."

„Das tut man nicht": Rona steckte den Finger in den Honig und leckte ihn ab. „In einer ordentlichen Familie kommt so etwas nicht vor. Bei uns steckt keiner den Finger in den Honig. Wir sind anständige Leute. Wir essen gesittet. Wir stecken nicht den Finger in den Honig."

Nunu belehrte uns pausenlos über anständiges Verhalten und wie Leute sich gesittet benehmen. Tadesse äffte sie nach, zierte sich beim Essen, und Gunnar sagte: „Wir essen gesittet ..."

„Man frühstückt auch nicht im Schlafanzug. Auch nicht im Urlaub", erfuhren wir am anderen Morgen. „Bei uns ist alles anders. Wir leben gesittet."

Am zweiten und dritten Tag zitierte Nunu schon diese elterlichen Mahnsprüche mit schelmischem Lachen und tat genau das Gegenteil.

Sie steckte den Finger in den Honig und frühstückte im Nachthemd.

„Du machst Fortschritte in guten Sitten", sagte Tadesse zu ihr.

„Lach nicht über mich, bei uns ist das so", sagte Nunu zu Tadesse.

Gesittet etwas tun, essen, trinken, sitzen, schlafen und was man sonst noch gesittet tun kann, das ist ein geflügeltes Wort der Familie Söhl geworden seither für überanständiges, unnatürliches, dressiertes Verhalten. „Achtung Kinder!" Zwei schwarze Kinder auf weißem Grund mahnt ein Verkehrsschild.

In der Küche im Ferienblockhaus Westerwald, beim Teekochen.
„Mutti, ist Mutter in Afrika tot?" fragte Tadesse aufgeregt.
„Nunu sagt, Mutter in Afrika ist tot. Haben ihre Eltern gesagt."
„Tadesse, ich weiß nicht, ob eure Mutter in Afrika noch lebt, ich weiß aber auch nicht, daß sie tot ist", habe ich geantwortet.
„Die sagen einfach, Mutter in Afrika tot. Basta. Nunu soll glauben, unsere Mutter in Afrika ist tot."
„Nunu!" rief er laut.
„Mutter in Afrika lebt! Das stimmt gar nicht. Die ist nicht tot. Die lebt!"

Obdach im Herzen

Abends las Frerich Geschichten vor. In unserem gemütlichen mollig warmen Ferienblockhaus auf der Fohlenwiese im Westerwald, in dem es so gut nach Holz duftete. Draußen hatte es geschneit, und es roch nach Schnee und Kälte, wenn jemand zur Tür reinkam.
Frerich las Sturm-Novellen vor wie „Pole Poppenspäler", Nils-Holgersson-Erzählungen von Selma Lagerlöf und das Bilderbuch „Malwine in der Badewanne".
Die Kinder kuschelten sich auf dem Sofa eng aneinander und lauschten gespannt. Sie konnten gar nicht genug bekommen von all den bunten Geschichten. Eine dicke runde Schneemannkerze flackerte in der Abenddämmerung. Sie knabberten hörbar dänische Dosenkekse und träumten mit offenen Augen vor sich hin. Auf dem Tisch stand Gunnars selbstgebauter Krabbenkutter Tön, sein ganzer Stolz. Den ließen die Kinder tagsüber funkferngesteuert über den nahen Mühlensee schippern. Immer mit leiser Furcht, er könne versinken, trotzdem voller Freude. Draußen stand ein echter dicker Schneemann, den hatten sie gemeinsam gebaut, mit einer Apfelnase und Walnußaugen und Haselnüsseknöpfen, er

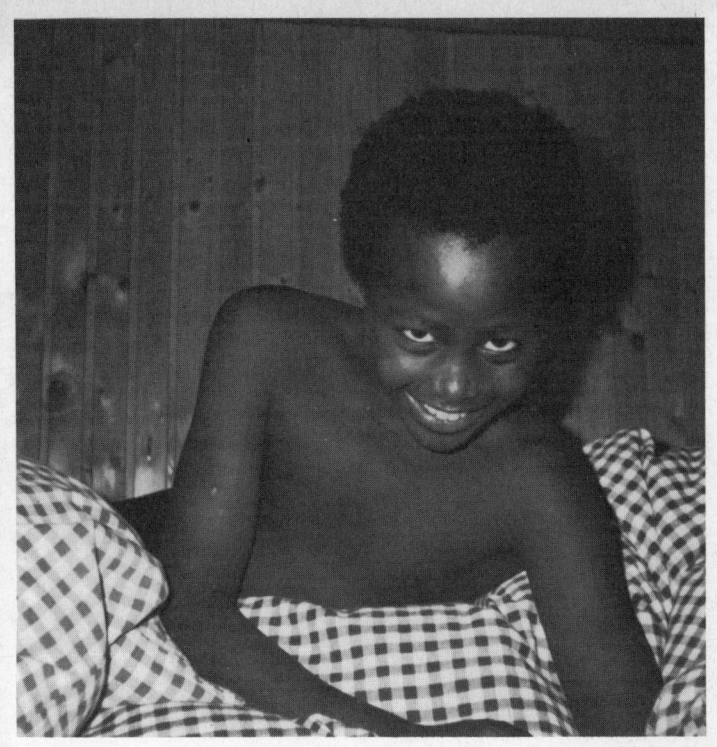

war größer als Nunu und kleiner als Tadesse, und auf dem Kopf trug er einen umgestülpten schwarzen Kochtopf.

Da lagen auch die Blockflöten auf dem Tisch und ruhten sich aus von Nunus und Ronas Weihnachtsliedergebläse. „Vom Himmel hoch da komm ich her", gelang den beiden nach einigem Üben fehlerfrei und auch „Ihr Kinderlein, kommet".

Ihr Kinderlein, kommet? Blockflötenweihnachtslieder zwischen den Geschichten.

Jetzt waren sie wieder ganz gefangen vom unvergänglichen Zauber der wunderbaren Reize des kleinen Nils Holgersson mit den Wildgänsen: Huii ging's durch die blauen Lüfte!

„Auf seinen Fahrten begegneten dem Jungen viele Gefahren. Kaum gewähren die Tiere der Erde und die Vögel des Himmels ihnen Schutz. Ich, die den armen Kerl ausschickte, freue mich über jeden Freund, der ihm Obdach gibt und ihn in seinem Herzen bewahrt." Selma Lagerlöf.

Und heute denke ich, so ist das vielleicht auch so mit diesem Buch:

Ich freue mich über jeden Freund, den Tadesse gewinnt. Über jeden, der ihm Asyl gewährt in seinem Herzen, und über jeden, der ihn nie mehr vergißt.

Und wenn ihr mit Tadesse im Herzen anderen Tadesses die Hand reicht oder ihnen wenigstens zuwinkt von ferne und ihnen ein Lächeln in Liebe schenkt, dann ...

Dann kriegt der liebe Gott vor Freude einen Herzkasper.

Dann kommen wir eines Tages rauf auf den Weltkindergipfel und winken allen zu.

Dann war nichts umsonst.

Zwei Königskinder

„Es waren zwei Königskinder,
die hatten einander so lieb."

Wer kennt nicht das alte Lied?

Nach unserem Ferientreffen und drei Tagen glücklichen Beisammenseins von Nunu und Tadesse wurden die Kontakte seitens der Familie A. auf das Mindestmaß der erlaubten Feiertagsgrüße abgedrosselt. Die Liebe der beiden Kinder zueinander war zu stark und unerwünscht. Überdies hatte Rona Nunu „Schwester" genannt, und Nunu hatte das zu Hause erzählt. In einem Gespräch mit Pfarrer Becker erzählten wir unsere Sorgen. Und der evangelische Pfarrer Becker aus dem kleinen Dorf schrieb an den katholischen Herrn Dr. theol. A. in der großen Stadt. Das Problem wurde auf höherer Ebene zwischen den beiden Theologen diskutiert. Die beiden Kinder würden sich nie mehr wiedersehen.

„... Sie konnten beisammen nicht kommen,
das Wasser war viel zu tief.

Ach, Liebster, kannst du schwimmen,
so schwimm doch herüber zu mir.
Drei Kerzchen will ich anzünden,
die sollen leuchten dir ..."
Dies stand im Brief von Pfarrer Becker an die Familie A.:

„Ich weiß aus persönlicher Erfahrung, wie sehr Tadesse an seiner
Schwester hängt! Ich kann auch ermessen, wie Tadesses bewußtes
menschliches und christliches Engagement – etwa sein Entschluß,
sich taufen und konfirmieren lassen zu wollen – aus der von ihm
empfundenen Verbundenheit mit und Verantwortung für seine
Schwester entspringt, die in Ihrer Familie ja offensichtlich bewußt
christlich – zusammen mit Ihren Kindern – erzogen wird! – Aber
wäre nun nicht für die beiden äthiopischen Kinder – unbeschadet
ihrer rechtlichen Einbindung und Integration in die beiden ‚Elternfamilien‘ – gerade im Blick auf ein fundamentales christliches
‚Naturrecht‘, von dem sowohl die menschliche Würde wie auch
ihre Gotteskindschaft untrennbar ist, unersetzbar wesentlich die
Ermöglichung einer Verbundenheit, die für sie ebenso lebensnot-
wendig ist (wie sie es für uns an ihrer Stelle wäre!) für ihr
natürliches wie für ihr geistliches Leben?"

Aus dem Antwortbrief nur die Replik auf diesen Bezug auf ein
christliches Naturrecht:

„Wohl aber glaube ich, den von Ihnen aus diesem Begriff abgeleite-
ten Überlegungen, soweit sie grundsätzlicher Natur sind, deutlich
widersprechen zu müssen. Gerade Adoptivelternschaft legitimiert
sich und lebt davon, daß die Verbundenheit mit der leiblichen
Familie – Mutter, Vater, Geschwister – um der Würde des Menschen willen wesentlich ersetzbar ist durch eine nicht-leibliche
Bindung und Zuwendung."

„Das hört ein falsches Nönnchen,
die tat als ob sie schlief.
Sie tät die Kerzen auslöschen.
Der Jüngling ertrank so tief."

Ob vielleicht der liebe Gott geschlafen hat? Er hätte doch ein Warndreieck „Achtung Kinder" in diesen theologischen Disput einbringen können. Achtung Kinder. Ein Warndreieck, wie es im Straßenverkehr verwendet wird. Zwei schwarze Kinder auf weißem Grund, ein Mädchen und ein Junge, Hand in Hand, miteinander auf einem gefährlichen Weg. Ein Dreieck, Symbol der Dreieinigkeit, Vater, Sohn, Heiliger Geist. Eine Warnung, aufzupassen, daß die beiden äthiopischen Kinder Tadesse und Nunu gemeinsam ihren Weg gehen können.

Gesamtschulerfahrung

Dritter Oktober 1990, Kaiserwetter. Ab heute sind wir gesamtdeutsch. Götterfunke, Hoffnung und Zweifel. Deutschmark, Deutschmark über alles, tönt es. „Hinter jedem Satz sagt ihr Geld", hatte Tadesse gesagt. Brandenburger Tor, Reichstag, Grenzen. „Ihr habt auch ein Äthiopien-Deutschland", hatte Tadesse gesagt, der auch aus einem gespaltenen Land gekommen war. Einen Tag der deutschen Einheit als Erinnerung an die Solidarität mit Fremden und Schwachen will die Bundestagspräsidentin.

Gesamtdeutschland. Gesamtschule. Nach vier Jahren Grundschule in Michelbach/Bilz besuchte Tadesse die Realschule im Schulzentrum West in Schwäbisch Hall. Zweitausend Schüler. Alle unter einem Dach. Gleichheit.

Im Korridor der Realschule des Schulzentrums West begegnet Tadesse ein fremder Lehrer.

„Wo willst du hin?" fragte er barsch.

„Ich will nirgends hin", sagte Tadesse.

„Was tust du hier?" brüllte der Lehrer.

„Ich tue hier nichts", sagte Tadesse.

„Los, verschwinde!" schimpfte der Lehrer. „Ab in die Hauptschule, wo du hingehörst!"

„Ich gehöre nicht in die Hauptschule. Ich bin Schüler der Realschule!" sagte Tadesse.

Wütend packte der Lehrer jetzt Tadesse an den Schultern und schüttelte ihn.

„Du gehörst in die Hauptschule! Ab! Los, verschwinde!"

Er schüttelte ihn und schubste ihn vor sich her. In der Gesamt-schule.

Tadesse verteidigte sich lautstark und schlug um sich. „Ich gehöre wohl in die Realschule. Laß mich! Laß mich!"

Ein Mitschüler bestätigte es schließlich. Da ließ der Lehrer endlich von ihm ab, und Tadesse durfte bleiben, wo er hingehörte, in der Realschule im Schulzentrum West.

„Es ist gar keine Gesamtschule", sagte Tadesse zutiefst ent-täuscht. „Mich hat der Lehrer geschüttelt und geschimpft. Und rumgeschubst, nur weil ich da war, wo ich sein sollte. Und überhaupt ist es eben keine Gesamtschule, sondern eine Getrennt-schule. Hauptschule, Realschule, Gymnasium, alle sind streng getrennt voneinander. Hauptschullehrer haben ihr Klo und ihr Lehrerzimmer, Gymnasiallehrer haben ihr Klo und ihr Lehrerzim-mer. Kein Gesamtklo. Kein Gesamtlehrerzimmer. Wo ist da ge-samt? Grelles Neonlicht und Klimaanlage ist Gesamt. Und schlechte Luft zum Atmen in der gesamten Gesamtschule.

Ein Hauptschüler darf nicht einen Realschüler besuchen, ein Realschüler nicht einen Gymnasiasten und ein Hauptschüler einen Gymnasiasten schon gar nicht. Warum heißt es Gesamt-schule, wenn es Getrennt-Schule ist?"

Gesamtdeutschland erlebte Tadesse nicht mehr.

Eine Lehrerin sagte: „In unserer Gesamtschule gibt es keine Diskriminierungen." Sie ist in allen Ausschüssen. Mit allen mögli-chen Aufgaben überbeschäftigt. Sie bekommt einfach nichts mit und glaubt, daß, was nicht sein darf, auch nicht sein kann.

Tadesse druckste rum. „Mutti, ich sag' dir was, aber du darfst nichts unternehmen deswegen." Dann brachte er die Geschichte raus vom schubsenden Lehrer in der Realschule. „Und noch was, Mutti", sagte er. Tränen liefen über sein schönes braunes Gesicht.

„Weißt, meine Mütze, die grüne mit dem Schirm und den Ohrenklappen, die, wo du immer sagst, natoolivgrün. Ja die und meine Jacke. Die hingen draußen vor dem Klassenzimmer im Schulzentrum West an der Garderobe. Nach dem Unterricht wollte ich mich anziehen. Da stand groß mit Filzstift auf der Jacke: Blöder Nigger und auf der Mütze auch: Blöder Nigger. Ein Lehrer hat mir geholfen das auswaschen. Und beim Sportunterricht im

Schulzentrum West beim Bodenturnen auf der Matte Rolle, Handstand und so, das kann ich sehr gut, besser als die anderen. Da waren die gleich wieder neidisch. Da hat die ganze Klasse gegrölt: ,Nigger sind die besten im Matratzensport! Ha, ha, ha!' Und gelacht haben die und mit Fingern auf mich gezeigt, ,ha ha, ha, Nigger sind die besten im Matratzensport!' "

Nach Tadesses Tod lag da eine grüne Schirmmütze in seinem Zimmer, eine andere, nicht natooliv, sondern mehr giftgrüne, eine Schuhhausreklamemütze. Auf den giftgrünen Mützenschirm hat Tadesse geschrieben: Elvis Presley ist tot, James Dean ist tot, und mir wird es auch schon schlech. Das fehlende „t" ist das erste Grabkreuz in Perspektive mit Sockel gezeichnet und noch zwei Grabkreuze …

Das Schuhhaus mit den kleinen Preisen ist auf die Mütze mit weißer Schrift gedruckt – und lauter Sterne drumherum.

Ein Zwinkern der Schwarzen Madonna

Hin und wieder geschehen seit Tadesses Tod kleine Begebenheiten, die unser Leben sehr bereichern und Trost geben. Von einem dieser seltsamen Ereignisse will ich erzählen. Und auch davon, was sein Tod bewegt, auch noch Jahre später. Der Tod von Kindern bringt besonders viel Liebe unter die Menschen.

Ich war zum erstenmal in dieser Wachskunststube in Mainhardt und schaute mich neugierig in dem kleinen Laden um.

Draußen hielt ein Bus. Eine farblose Menge Leute drängte rein, die kauften alles mögliche und verschwanden endlich wieder. Liebevoll verpackte die Inhaberin jetzt einzeln die kleinen Wachsosterhasen, die ich ausgewählt hatte, und ein paar schöne Kerzen dazu. Meine Schwiegereltern waren beide schwer erkrankt und lagen in Verden im Krankenhaus. Zu Ostern wollte ich ihnen eine kleine Freude bereiten mit einem Wachsosterhasengruß und Osterlichtkerzen am Krankenbett. Ich bezahlte.

„Warten Sie!" sagte die Inhaberin. „Ich zeige Ihnen noch etwas besonders Schönes." Wir kannten uns nicht. Eilig ging sie zur

Werkstatt hinunter und kam mit einer wunderschönen schwarzen Wachsmadonna zurück. „Ein Einzelstück, handbemalt von einer Kirchenmalerin. Gefällt sie Ihnen?" fragte sie.

„Sie ist sehr schön", sagte ich und schaute versonnen auf die Schwarze Madonna. Mir war eigenartig. Und plötzlich wußte ich es: Das ist ein Gruß von Tadesse. Ich war sehr glücklich.

In manchen seltenen Augenblicken schenken die Toten den Lebenden Gedanken schönster Liebe.

„Anderen hätte ich das nicht gezeigt. Irgendwie hatte ich so ein Gefühl. Ich mußte Ihnen einfach die Schwarze Madonna zeigen", sagte die Inhaberin.

Später habe ich die Inhaberin gefragt, ob sie von uns und Tadesse wußte. Sie sagte: „Nein, gar nichts."

Wie gebannt hing mein Blick an der Schwarzen Madonna. „Mother Mary", dachte ich, und mir fiel der Traum ein, von dem ich am Ende des Buchs noch berichten werde.

„Das Original ist in Tschenstochau in Polen", sagte sie noch.

Frerich schenkte mir die schwarze Wachsmadonna zu Ostern. Seither steht sie viel bewundert auf Uromas altem Schrank in unserem Eßzimmer.

Wir stellten fest, die ist nicht von Tschenstochau in Polen, sondern von Altötting, Bayerns Nationalheiligtum.

„Patrona Bavariae", wie es zur Zeit so oft aus dem Radio dudelt im Wunschkonzert. Tadesse liebte FC Bayern München.

In diesem Frühjahr habe ich, zusammen mit Frerich, die Schwarze Madonna in Altötting besucht. Und ich glaube, sie hat mir zugezwinkert. Vielleicht ist die schwarze Tönung des Gesichtes vom Ruß der Kerzen der Gläubigen. Die schwarze Tönung des Gnadenbildes wird verschieden gedeutet. Die eigentliche Erklärung soll die Stelle des Hohenliedes (1,5) aus dem Alten Testament sein. Sie wurde im Verständnis der Kirche von jeher auf Maria angewandt: „Schwarz bin ich, doch schön."

Tadesse. Schwarz war er, doch schön.

Bettina von Arnim hatte in einem Brief an Goethe folgendes geschrieben:

„Das Innere der Kapelle ist ganz mit schwarzem Samt überzogen, auch selbst das Gewölbe und mehr durch Kerzenlicht als vom Tag erleuchtet, die Altäre von Silber, an den Wänden hängen silberne Glieder und Gebeine und viele silberne Kerzen mit goldenen Flammen oder feurigen Wunden – wie sonderbar!

Der Mensch! Er bringt seine Schmerzen als Opfer der Gottheit, und da mögen diese Schmerzen entstanden sein woher sie wollen, in Gott wird alles göttlich."

Rundherum um die Gnadenkapelle der Schwarzen Madonna von Altötting unzählige Votivtafeln, Beispiele von Gebetserhörungen: „Maria hat geholfen." Inniger Dank aus dem fünfzehnten Jahrhundert bis in die Gegenwart. Überall abgelegte Prothesen und Krücken. Wunderheilungen. Durch die Kraft des Gebetes. Schwarze Madonna, Schutzherrin Bayerns, Gottesmutter.

Eine der Tafeln, die ihr gewidmet wurde:

„Beim Sport verunglückt – durch Sturz Brust- und Lendenwirbel angebrochen und über 4 Monate im Gipsbett gelegen. Durch Anrufung der Mutter Gottes von Altötting konnte ich wieder gesunden. Tausendfacher Dank. Frankfurt/Oder, 1. 4. 41."

Und so fort, Rettungen aus allen Lebenslagen, Rettungen von Kindern, Überlebenshilfe in Konzentrationslagern, Wackersdorf nicht in Betrieb genommen – Dank Patrona Bavariae. Wir staunten.

Ohne dieses kleine Erlebnis in der Wachskunststube in Mainhardt wäre es mir bestimmt nicht eingefallen, eine heilige Madonna zu besuchen in einem Wallfahrtsort. Uns bewegt die Stille der Kapelle sehr. Wir sind inmitten fromm-gläubiger Menschen. Lesen von unverhoffter Gnade beim Tod zweier Kinder 1489. Die Öttinger Chronik berichtet davon. Ein dreijähriger Junge fiel in den Mörnbach. Erst nach einer halben Stunde wurde das Kind tot aus dem Wasser geborgen von seiner Mutter. Verzweifelt schleppte sie das tote Kind in die Altöttinger Marienkapelle, sie legte es auf dem Altar nieder, und sie flehte herzzerreißend zur Gottesmutter um das Leben ihres Kindes.

Plötzlich geschah das Wunder, der Junge schlug die Augen auf ... 1489.

Im selben Jahr an derselben Stelle noch eine Wunderheilung. Ein sechsjähriger Bauernsohn war vom Pferd gefallen, vom nachfolgenden Wagen überrollt. Lebensgefährliche Quetschungen, keine Überlebenschancen. Die Eltern brachten den Jungen auch in die Marienkapelle. Auch sie beteten in höchster Not zur Gottesmutter um das Leben ihres Kindes. Es heißt, am nächsten Tag war das Kind gesund. Vielleicht war Tadesse in Äthiopien katholisch getauft. Vielleicht hat Mother Mary ein Auge auf ihn geworfen …

Ich habe nicht gebetet. Damals, als ich Tadesse tot auffand, habe ich nicht gebetet. Ich glaubte nicht. „Weil in Afrika so viele Kinder verhungern". Tadesse ist tot geblieben.

Und ich glaube wieder. Das ist ein großes Gottesgeschenk und ein Geschenk von Tadesse. Herztropfenweise habe ich den Glauben zurückbekommen, den ersten Tropfen wohl noch unbemerkt bei seinem Tod, zwischendrin einige durch Pfarrer Peter Becker, einen in der Wachskunststube in Mainhardt, einen in der Altöttinger Marienkapelle, einen durch Susis Tod.

Patrona Bavariae aus Wachs. 500 Jahre später in der Wachskunststube in Mainhardt sind wir uns begegnet. 1989, 500 Jahre nach den Wunderheilungen der Kinder von Altötting. Warum nicht früher?

Keine Wunderheilung, aber ein kleines Zeichen von der Schwarzen Madonna aus Wachs. Frerich betete damals auch nicht beim toten Tadesse. Wir alle waren so beschäftigt mit der Technik der Wiederbelebung, Beatmung, Herzmassage, an das Wichtigste dachten wir nicht. Da gibt es eine Geschichte aus meiner Kindheit, oft von meinem Großvater erzählt, von der Möneninsel in Schleswig, dem Schloß darauf und der gelben Blume. Vergiß das Beste nicht! Ich habe meine gelbe Blume verloren.

Uns allen kam überhaupt nicht mal der Gedanke, in dieser allergrößten Not zu beten.

In diesem Frühjahr, am 8. Mai 1990, kam Frerich in Mainhardt direkt auf einen sehr schweren Unfall zu. Eine junge Frau war mit sehr hoher Geschwindigkeit in ihrem schwarzen Golf gegen einen Baum geprallt und auf den Acker geflogen. Gottesacker. Sie lebte nur noch wenige Minuten. Frerich war bei ihr. Er hatte neben ihr gekniet und ihre Hand gehalten. Sie starb. Frerich war aufgestanden auf dem sandigen Feld und sprach frei hinaus in den Himmel, Vater unser, der du bist im Himmel … – er betete dem strahlenden Sonnenlicht entgegen – Dein Wille geschehe wie im Himmel so auf Erden. Frerich erlebte mit der sterbenden Susi ein einmaliges Gefühl von Frieden und Ruhe. Das alles geschah, bevor Polizei, Blaulichter, Martinshörner, Rettungswagen heranbrausten. Susi P.

aus Löwenstein, 27 Jahre alt. Sie starb in der Stille auf dem sandigen Feld in Bubenorbis. Frerich war bei ihr und betete. Susis Mutter sagte, das sei das größte Wunder ihres Lebens, ihr einziger Trost, daß Frerich da war und für ihre Tochter betete, als sie starb.

Das grundlose Moor

„Haben Sie ihn dahingehängt?" fragte freundlich der Kripobeamte mitten ins leise zögernde Gespräch hinein.

Ein Spezialist für Kinderselbstmorde. Aus Ingelfingen oder Sindelfingen. Ich weiß es nicht mehr, es klang wie klingeling. Er saß an meinem Bett. Seinen Namen weiß ich auch nicht mehr. Nicht einmal, ob er ihn überhaupt gesagt hat. Es war ein junger Beamter. Fahle Blässe im Gesicht.

Kraftlos lag ich da. Ohne jede Hoffnung. Mein Körper knochenlos. Ich starrte auf meine Bettdecke. Ein Rosenblütenmuster. Verschossene Farben vom vielen Waschen. Manchmal hatte auch Tadesse in dieser Bettwäsche geschlafen. Wovon er wohl träumte?

Das Rosenblütenmuster begann vor meinen Augen zu tanzen und verschwamm zu zerlaufenen Farbklecksen.

Was will der von mir, dachte ich, der freundliche Kripobeamte mit seinem weißen Blatt Papier und seinem Kugelschreiber, der so nüchtern fragt? Kein Gespräch, ein Verhör!

Tadesses Zimmer war von der Polizei versiegelt worden. Und ich eine Mörderin? Unser Leben zu Papier bringen, endlose Fragen. Alles, was ich sagen werde, wird er sorgfältig notieren. Was weiß der schon von Tadesse und uns?

Beinah hätte ich gesagt: Tadesse hätte nie so eine fahle Beamtenblässe im Gesicht gehabt wie Sie, der war immer schön braun. Ich schwieg lieber.

Es war ungefähr 10.00 Uhr vormittags. Um 12.00 Uhr würde er pünktlich gehen, Mittagspause oder Feierabend. Bis dahin hätte er unser ganzes Unglück auf ein paar Seiten weißen Papiers reduziert. Das Leid verbannt aufs weiße Papier. Ob der blaue Kugelschreiber mitmacht, bei soviel Leid? Ob die Mine nicht verblaßt?

Wenn der friedliche Kripobeamte das alles tragen müßte, würde er auf der Stelle zusammenbrechen. Ein breites Kreuz hatte er ja.

Aber er saß fest auf dem Stuhl neben mir.

In ein paar Tagen würde er wiederkommen. Nochmals was fragen, wie es passiert ist.

Ich atmete tief.

Und wieder fragte er höflich, diesmal etwas nachdrücklich betont: „Haben Sie ihn dahin gehängt?"

Das ist nicht wie Hering mit Streuselkuchen oder Gewitter im Schnee, das ist wie mit Panzern durch die Seele donnern.

Tadesse sollte doch leben dürfen. Darum hatte ich ihn hierher geholt.

Unfähig, mich zu regen, lag ich einige Augenblicke da. Das Rosenmuster meiner Bettdecke begann vor meinen Augen zu wirbeln, immer schneller. Unter der Bettdecke ballten sich meine Hände zu Fäusten. Fast hätte ich dem freundlich höflichen Kripobeamten mit beiden Fäusten ins Gesicht getrommelt und dem lieben Gott gleich mit, falls der überhaupt irgendein Gesicht hat. Oder ich hätte ihm welche an die Löffel geklatscht oder irgendwo hingetreten. Und Gott auch.

Ich regte mich nicht. Atmete tief bis zu den Wurzeln meines Lebens.

Plötzlich spürte ich irgendwoher Kraft. Eine Welle von Gelassenheit. Eine unverschämte Ruhe.

„Nein, ich habe ihn nicht dahingehängt", hörte ich mich sagen, mit gelöster Stimme.

„Gut. Das wollte ich wissen", sagte der Kripobeamte freundlich. Und höflich fügte er hinzu. „Entschuldigung, ich tue nur meine Pflicht. Ich mußte das fragen. Ich glaube Ihnen. So gut könnten Sie nicht schauspielern."

Schon lange vorher hatte ich es auf den lieben Gott abgesehen. Ich habe ihn nirgends erwischt.

Und ich hätte ihn gepackt und geschüttelt und geschrien: Wo warst du, blöder Pflaumenaugust, als Tadesse starb …

Und ich bin erst viel später darauf gekommen, daß er gerade damals bei ihm war.

Ich hatte Gott vor Wut und Schmerz nicht mehr sehen können.

„Du bist wohl in Urlaub auf Cran Caria gewesen (Gudrun nennt das so) – oder an der Costa del Sol und hast dich bräunen lassen. Konntest die Menschen nicht mehr sehen, wolltest auf eine einsame Insel ganz allein und bist wieder nur Touristen begegnet. Und was für welchen!

Ach geh doch ins „Grundlose Moor" und versauf, du hast ja nicht mal deinem Jesus geholfen damals.

Heute weiß ich: Tadesse ist nicht allein gestorben. Gott war da im Tod. Und Tadesse konnte auch zu ihm im Moment des Todes. Und zu uns.

In Gedankenschnelle. Keiner stirbt allein.

Hoffentlich haben die Kripoleute – „die Kriminellen", sagt Rona – nicht den lieben Gott mit eingesperrt, als sie das Zimmer versiegelten ...

Gott ist nicht so klein und kann meinen ganzen Zorn gut aushalten. Klingeling. Er läßt sogar zu, daß ich diese ganze Leidensgeschichte selbst zu Papier bringe.

A-dieu, Tadesse

Die Sonne muß sich doch verdunkeln, dachte ich an Tadesses Beerdigungstag. Doch sie tat gerade, als wäre nichts geschehen, und schien ungerührt grell auf mich nieder.

Meine Eltern kamen aus Schleswig angereist. Sie hatten die lange, strapazenreiche Autofahrt auf sich genommen, um sich um die Enkelkinder zu kümmern und uns beizustehen in diesen schweren Stunden und Tagen.

Mein Vater drängte fast: „Geh noch einmal hin zu Tadesse! Nimm Abschied! Sieh ihn dir an! Er sieht so schön aus und so friedlich!"

Das ging über meine Kräfte. Und ich wehrte entschieden ab: „Nein, das kann ich nicht." Ich fürchtete mich unendlich vor Tadesses entsetzlich verzerrtem Gesicht: So wie ich ihn tot aufgefunden hatte. Mich schauderte.

Als wir zur Beerdigung auf den Friedhof kamen, war die Tür der kleinen Kapelle halb offen, und mein Blick fiel hinein zu Tadesse. Zögernd ging ich hin zu ihm.

Wie schön er war!

Ein dunkler Märchenprinz in weißem Spitzengewand. Eingebettet in leuchtend bunte Blumen. Im sanften Ewigkeitsschlaf.

Einen Hauch zarten Lächelns um die Lippen. Stille Seligkeit. Frieden.

„Wie kann ein Toter sein Gesicht verändern?" schoß es mir durch den Kopf. „Er muß Gott begegnet sein. Und sie haben einander angelächelt ..."

Für einen kurzen Moment schenkte mir Tadesses Frieden fast ein Glücksgefühl. Dann überwältigte mich wieder die Trauer. Ich nahm Abschied. A-dieu, Tadesse.

Pfarrer Becker stellte mir einen Stuhl ans Grab. Neben mir standen Frerich, die Kinder und meine Eltern. Eng beieinander. Verschwommen sah ich eine große Masse Menschen um mich herum. Ob in Michelbach schon einmal so eine große Beerdigung war? Vielleicht bei einem Ehrenbürger. Lehrer, die Jugendrotkreuz-Gruppe, ganze Schulklassen waren da, Eltern mit kleinen Kindern, Nachbarn, Freunde, Bekannte, einige junge Afrikanerinnen, ein paar sehr alte Menschen, der Posaunenchor und viele Fremde.

Seltsam, ich spürte keinen Haß mehr. Alle, die da waren, trugen ein Stück mit von dem Koloß Leid, und so wurde es erträglich. Tragbar. Kein Haß, nirgends mehr. Das Leben ausgelöscht und mit ihm der Haß. Ein merkwürdiges Phänomen.

Der Posaunenchor blies, Freunde vom Jugendrotkreuz trugen den Sarg. Pfarrer Becker sprach starke Worte der Liebe. Wenn der Michelbach noch ein Michelbach gewesen wäre und nicht längst ein Michelrohr geworden, vielleicht wären an diesem Tag seine Ufer übergetreten von Kindertränen. Auch Frauen schluchzten, und Männer weinten. Die Tränen versickerten alle im Erdboden. Der Michelbach konnte sie nicht forttragen, denn er war nur ein Michelrohr.

Unsere großen Kinder weinten nicht. Sie standen kerzengerade am Grab des Bruders. Zu Kindersäulen erstarrt. Rona hockte mit anderen Kindern auf einer Friedhofsbank. Mit dem Rücken zum Grab. Gudrun war nicht dabei. Sie war ein paar Tage vor Tadesses Tod zur Kur gefahren. Das erste Mal von uns fort. Wir dachten, es ist besser so für sie, nicht dabeizusein. Heute wissen wir es anders: Es kann für Kinder sehr wichtig sein, auch Abschied zu nehmen, und den Verstorbenen noch einmal zu sehen. Dann verarbeiten sie später alles leichter. Irgendwie hatten wir ganz den Überblick verloren, und dann lief alles obendrein noch so verkehrt, wie es schlimmer nicht laufen konnte: Gudrun war unsere Pflegetochter. Amtsvormund das Schwäbisch Haller Jugendamt. Wir baten darum, Gudrun noch nichts zu sagen. Wir mußten noch Kräfte sammeln, so bald wie möglich wollten wir Gudrun besuchen und ihr selbst mitteilen, daß Tadesse nicht mehr lebt. Doch leider wurde unser Wunsch nicht respektiert. Das Jugendamt teilte sofort die traurige Nachricht von Tadesses Tod der Kinderkureinrichtung mit.

So bestellte die Leiterin des Kinderkurheimes in Bad Friedrichshall, eine fremde Person, Gudrun zu sich in ihr Verwaltungsbüro. Und sie sagte zu ihr:

„Gudrun, du hast doch einen Bruder."

„Ja", sagte Gudrun.

„Ich weiß nicht mehr, wie der noch heißt. Der hat so einen komischen Namen mit einem T."

„Meinen Sie Tycho?" fragte Gudrun.

„Ja", sagte die Kinderkurheimleiterin.

„Ich muß dir leider sagen, daß Tycho tot ist."

Zaghaft fragte Gudrun nach einer Weile:

„Und wie ...?"

„Beim Spielen. Mehr weiß ich nicht."

Damit allein gelassen. Aus der Amtsstube geschickt. So erfuhr es Gudrun.

Jetzt teilte das Jugendamt Schwäbisch Hall uns mit: Gudrun weiß es schon. Die Kinderkurleiterin hat es ihr schon gesagt. Das sei besser so.

Ich war noch zu geschwächt, um gleich zu Gudrun fahren zu können. Darum schrieb ich ihr einen lieben Brief und legte auch unsere Todesanzeige von Tadesse mit rein. Gudrun bekam den Brief. Selbst zu Tode betrübt um den „toten Tycho".

Und wie entsetzlich erschrak sie, als sie jetzt Tadesses Todesanzeige in den Händen hielt! Sie meinte: Nun ist Tadesse auch noch tot. Beide Brüder gestorben ... Sie sprach mit niemandem. War allein mit dieser Botschaft. Im Kinderkurheim. Als wir sie ein paar Tage später besuchten, erfuhren wir von den tragischen Verwicklungen. Und der „totgeglaubte Tycho" lebte wieder ...

Ich saß auf dem Stuhl am offenen Grab und schaute in das

dunkle Erdloch. Posaunenchöre erinnern Rona heute noch an Beerdigungen.

Blumen, Briefe, Karten, Kränze, Geldspenden, liebe Worte von überall her. Wir waren nicht in der Kirche. Gottlos. Tadesse war nicht mehr getauft worden. Trotz allem hatte sich Pfarrer Becker rührend um uns alle gekümmert. Ein wahrer Christ.

Nur eines verstand ich nicht. Am offenen Grab sagte er:

„Der Herr hat's gegeben. Der Herr hat's genommen. Gelobt sei der Herr."

Er hat's gegeben, und er hat's genommen. Gut. Aber: Gelobt sei der Herr? Über diese Worte stolperte ich mit ganzer Seele, alles schrie und rebellierte in mir: „Nein. Nein. Niemals gelobt."

Die Zeit verrinnt. Tadesse hat „das Zeitliche gesegnet". Der Zeit den Segen erteilt. Alles angenommen und noch gelächelt im Tod. Dreizehn Monate Sonnenschein – wie es in der äthiopischen Fremdenverkehrswerbung heißt, einen Monat für die Ewigkeit gelächelt. Unser Swimmy, der kleine rote Fisch, der die anderen durch Gefahren führt, uns allen voraus.

Noch immer fällt es mir manchmal schwer, der Zeit den Segen zu erteilen, alles anzunehmen. Tadesses Tod und auch die, wie es mir damals schien, gottverlassene Art seines Todes. Das Loslassen ist doch so verdammt schwer!

Auch wenn keine Ameise stirbt, ohne daß Gott es will, und ein Kind schon gar nicht. Der Tod tritt vor uns hin und pflanzt sich vor uns auf als das Problem der Lebenden.

In „Warten auf Godot" (Samuel Beckett) heißt es – ich weiß es nicht mehr genau –, „die Tränen dieser Welt sind unvergänglich. Für jeden, der aufhört zu weinen, fängt irgendwo ein anderer an. Oder?"

„Für jeden, der anfängt zu weinen, hört irgendwo ein anderer auf." Ich hoffe für den letzten Satz, gelobt sei der Herr?

Immer nur seitenweise habe ich dieses Buch vorangebracht.

In kleinen Kapiteln, wie „Portionen". Beim Schreiben der letzten Seiten war ich ziemlich abgetaucht. Gleich wollte ich noch schnell die Wäsche bügeln. Das Leben hat Vorrang.

Und wie habe ich mich angestrengt, die Sache glattzukriegen! Da lag ein Riesenstapel ungeplätteter Wäsche. Das Bügeln ging so ungewöhnlich schwer, und ich habe auf der Wäsche herumgedrückt und gerubbelt. Am Ende waren nur noch mehr Falten drin.

Erst, als ich Ronas total verknorkelte Jeans in Arbeit hatte, bemerkte ich dann doch, daß der Stecker vom Bügeleisen lose herumbaumelte. Stecker rein, ich bügle, also bin ich.

Die nächste „Portion" ist von meinem „Freund Zufall". Beim Herumkramen in einer alten Schublade gefunden. Mitgebracht vor ein paar Jahren vom Workshop bei Elisabeth Kübler-Ross. Das war eine Arbeitstagung zum Thema „Leben, Tod und Übergang". Dort war ich. Versumpft in Trauer. Zu.

Die bittersten Erfahrungen meines Lebens, wie ein chaotisches Wirr-warr-Knäuel von Schicksalsfäden um mich herumgeschlungen – und ich zu keiner Bewegung mehr fähig –, begannen von da an sich zu ent-wickeln.

Tadesse, warum? Eine Portion Antwort gibt diese Geschichte aus der Sandwüste: Eine orientalische Weisheit:

Die Sandwüste

Ein Strom floß aus seinem Ursprung in fernen Gebirgen durch sehr verschieden gestaltete Landschaften und erreichte schließlich die Sandwüste. Genauso wie er alle anderen Hindernisse überwunden hatte, versuchte der Strom nun auch, die Wüste zu durchqueren, aber er merkte, daß – so schnell er auch in den Sand fließen mochte – seine Wasser verschwanden.

Er war jedoch überzeugt davon, daß es seine Bestimmung sei, die Wüste zu durchqueren, auch wenn es keinen Weg gab. Da hörte er, wie eine verborgene Stimme, die aus der Wüste kam, ihm zuflüsterte: „Der Wind durchquert die Wüste, und der Strom kann es auch."

Der Strom wandte ein, daß er sich doch gegen den Sand werfe, aber dabei nur aufgesogen würde; der Wind aber könne fliegen, und das sei es, weshalb er die Wüste zu überqueren vermöge.

„Wenn du dich auf die gewohnte Weise vorantreibst, kannst du sie nicht durchqueren. Du wirst entweder verschwinden, oder du wirst ein Sumpf. Du mußt dem Wind erlauben, dich zu deinem

Bestimmungsort hinüberzutragen." Aber wie sollte das zugehen? „Indem du dir gönnst, vom Winde aufgenommen zu werden."

Diese Vorstellung war für den Fluß unannehmbar. Immerhin war er noch nie zuvor absorbiert worden. Er wollte keinesfalls seine Individualität verlieren. Denn wenn man sie einmal verliert, kann man da wissen, ob man sie je wiedergewinnen würde? „Der Wind erfüllt seine Aufgabe", sagte der Sand. „Er nimmt das Wasser auf, trägt es über die Wüste und läßt es hernieder, und das Wasser wird wieder ein Fluß."

„Woher kann ich wissen, ob das wirklich wahr ist?"

„Es ist so, und wenn du es nicht glaubst, kannst du eben nur ein Sumpf werden, und auch das würde viele, viele Jahre dauern; und es ist bestimmt nicht dasselbe wie ein Fluß."

„Aber kann ich nicht derselbe Fluß bleiben, der ich jetzt bin?"

„In keinem Fall kannst du bleiben, was du bist", flüsterte es. „Was wahrhaft wesentlich an dir ist, wird fortgetragen und bildet wieder einen Strom. Heute wirst du benannt nach dem, was du jetzt gerade bist, denn du weißt nicht, welcher Teil deines Selbst der Wesentliche ist."

Nachruf für Tadesse von Pfarrer Peter Becker. Niemand, nicht mal ein Ehrenbürger hatte bisher einen Nachruf bekommen im Gemeindeblatt. Tadesse bekam einen, von seinem Freund, dem Pfarrer.

„Ich habe für Tadesse einen Nachruf fürs Blättle geschrieben. In ein paar Tagen fliege ich nach Indien. Das erscheint nächste Woche. Das wurde mir zugesagt", sagte er und verabschiedete sich von uns.

Der Nachruf erschien nicht.

Wir fragten nach. Kein Platz. Leider. Nächste Woche auch nicht. Hat nicht reingepaßt. Regenschirme verloren und Schlüsselbunde gefunden und was weiß ich. Kein Platz für den Nachruf. „Herr Becker hat es uns zugesagt. Es wurde ihm fest versprochen", sagten wir.

Dann erschien der Nachruf. Nach einigen Wochen. Endlich.

Draußen im Wald

„Draußen im Wald hat's a klein's Schneele geschneit …"

Hier Tadesses Abschiedsbrief, den zunächst niemand fand:

„Liebe Mutti, lieber Vati,

ich möchte Euch keinen Kummer machen. Ich gehe dahin zurück, wo ich hergekommen bin."

Tadesse wußte, woher er kam! Jemand, der weiß, wo er herkommt, weiß auch, wohin er zurückgeht. Von Gott zu Gott. Viele wissen das nicht. Das Pferd riecht seinen Stall nicht mehr.

„Ich möchte Euch keinen Kummer machen …"

Wir waren oft traurig mit ihm gewesen über die zahllosen Gemeinheiten, hatten Gedankenlosigkeiten, Beleidigungen, Verletzungen miterlitten. In letzter Zeit schwieg Tadesse. Oder er sagte: „Laßt, sie können nichts dafür."

Tycho hatte mehrmals einige Jungen, die Tadesse hartnäckig hänselten, am Schlafittchen gepackt: „Laßt meinen Bruder in Ruhe!" Auch wir hatten immer wieder mit anderen gesprochen, wenn etwas vorgefallen war, mit Kindern und Erwachsenen. Einen richtigen Durchbruch schafften wir nicht. Nächstenliebe blieb nur ein gedrucktes Wort.

Für viele Mitmenschen 1980 – noch zu Tadesses Lebzeiten – schreibt Pfarrer Becker im Buch „Michelbach an der Bilz" den folgenden Text:

„Denn in der Zuwendung zu ihnen (den Armen, den Nächsten) werden wir selber erst umgewandelt zu Menschen des Erbarmens, die mit aller nötigen Klarheit über alle Grenzen von Völkern, Rassen und Religionen hinaus ‚sehen', daß Christus für uns alle und nicht gegen irgend jemand Mensch geworden ist, um uns zu bewegen, selber Mitmenschen zu werden, die dafür eintreten, daß unsere Erde nicht vollends ‚ein Tal voll Jammer, Hunger und Gewalt' wird, sondern die ‚Stadt Gottes', wie Dorothee Sölle in ihrem ‚Credo' sagt."

Draußen bimmelte die Hausglocke. Ich ging im Schlafanzug in den Hof. Es waren Kripoleute. Mit einer Plastiktüte. „Tadesses Sachen", sagten sie und drückten mir die Tüte in die Hand. „Danke", sagte ich. Sie gingen. Ich schaute hinein. Sah seine blaue Jeans und machte schnell die Tüte wieder zu. Mir wurde schwindelig. Ich ging zu Frerichs grünem Volvo, öffnete die Kofferraumklappe und ließ die Tüte hineinfallen.

Als er nach Hause kam, sagte ich: „Die Kripo hat Tadesses Sachen gebracht. Ich wußte nicht wohin damit. Ich habe die Tüte in dein Auto getan. In den Kofferraum."

Er sagte nichts, und wir sprachen auch nicht mehr darüber.

Monate später kam wieder ein Kripomensch. „Wir haben die Ermittlungen abgeschlossen", sagte er.

„Es war ein Unfall."

„Ein Unfall?" fragte ich.

„Ja", sagte der Kripobeamte. „Ein Unfall beim Spielen. Er hat gespielt und ist drin hängengeblieben. Im Strick."

Noch viel später bekam ich dann diese letzte Nachricht von Tadesse, diesen Abschiedsbrief. Frerich hatte damals Tadesses Sachen in der Plastiktüte nochmals genau angeschaut. In der hinteren Hosentasche der Jeans fand er einen kleinen Zettel. Daumennagelgroß zusammengefaltet.

Darauf hatte Tadesse seine letzten Worte geschrieben. „Liebe Mutti, lieber Vati, ich möchte Euch keinen Kummer machen. Ich gehe dahin zurück, wo ich hergekommen bin."

Alles hatte die Kripo pingelig durchsucht, das ganze Zimmer, Schränke, Schreibtisch, Bett. Nur nicht das Naheliegendste. Das, was er anhatte. Seine Jeans.

Frerich wußte nicht, wohin mit dieser Botschaft auf dem kleinen Zettel in Tadesses blauer Jeans.

Er ging damit zu Pfarrer Becker. Der hat den Zettel aufbewahrt. Bis heute.

Erst nach dem Workshop bei Elisabeth Kübler-Ross erfuhr ich davon, Jahre später. Daß es kein Unfall war, wußte ich. Frerich wollte mich schonen, mir die endgültige Gewißheit ersparen. Es war gut gemeint. Vielleicht hätte ich das nicht mehr verkraftet. Inzwischen hatte es ein klein's Schneele über Tadesses Tod geschneit.

In seinem Schulschreibblock hatte Tadesse noch einige Zeilen „danke, danke, danke" geschrieben und groß darüber: „Söhl".

Manche Kinder sind gelb
und manche ~~weiß~~
und ich bin schwarz.
Manche Kinder sind braun
und mansche rot
und ich bin ~~mit~~ schwarz.

Aber ich bin nicht besser als sie
und sie sind nich besser als ich.

Wir sind alle Kinder,
von dir
lieber Gott.

Hilf uns, daß wir uns nicht ~~zu~~ hassen!
Hilf uns, daß wir uns verstehn!
Hilf uns, daß wir uns lieben!

Eine Seite aus Tadesses Schulheft

„Let it be"

Die weltbekannte Sterbeforscherin Elisabeth Kübler-Ross berichtet aus ihren reichen Erfahrungen: Es kommt vor, daß katholische Kinder – wenn sie sterben müssen – eine Marienerscheinung in der Todesstunde haben. Die Mutter Maria kommt zu den Kindern und holt sie ab. Sie steht ihnen zur Seite beim Übergang vom Leben zum Tod.

Vielleicht war Tadesse noch in Afrika katholisch getauft worden? Niemand weiß das.

Noch einmal war Tadesse mir begegnet im Traum. Glücklich strahlend in schönster Blumenpracht. Meine Lieblingsblumen, rote Bauernrosen, lila Akelei und tiefblaue Kornblumen umrankten ihn. Nie zuvor sah ich Blumen so leuchtend blühen, noch nie ein Kind so glücklich strahlen.

Tadesse summte leise eine Melodie. Die Himmelsblumen wisperten mit. Ich lauschte. Es war ein Lied der Beatles. „Let it be". Mehr erinnerte ich vom Text nicht. Nur diese drei Worte „Nimm's an", „laß es gut sein".

Am anderen Morgen, als ich erwachte, fiel mir gleich mein Traum wieder ein. Und ich kaufte mir eine Kassette von den Beatles, auf der dieses Lied war. Auf den Text war ich sehr gespannt.

Tadesse, warum? Eine verheißungsvolle Antwort:

„When I found myself in times of trouble.
Mother Mary comes to me –
speaking words of wisdom,
let it be …"

Dieses Traumlied kam mir damals in der Wachskunststube in den Kopf, als ich dort der Schwarzen Madonna begegnete. Mother Mary. Ein Gruß von Tadesse.

„And in my house of darkness,
she is standing right in front of me –
speaking words of wisdom … let it be.
Whisper words of wisdom … let it be."

Die nächste Strophe beginnt:

„And when the broken-hearted people
living in the world agree
there will be an answer ...
let it be ..."

Manche pulen sorgfältig die Rosinen aus dem Lebenskuchen heraus. Sie essen nur die. Sonst nichts.
Kinder essen „Mohrenköpfe".
Die gibt es auf Kinderfesten, Awofesten, Kirchenfesten.
Zum Spaß der Kinder eigens erfundene „Mohrenkopfschleuder-maschinen" lassen Mohrenköpfe durch die Luft sausen, in offene, meist übersättigte Kindermünder hinein oder daneben.
„Mohrenköpfe" fliegen ... rollen ... zermatschen.
In Burundi wurde es bitterer Ernst. Vor gar nicht langer Zeit ließ dort das Militärregime 6000 Oberschüler abschlachten. Gunnar Hasselblatt berichtete darüber. Sonst schwiegen Presse und Medien dazu.

„For though they may be parted there
is still a chance that they will see ..."

Arsenio d'Angelo, ein italienischer Gastarbeiter, sagte zu Tadesses Tod: „Das hat weißer Mann getan."
Zu einer Freundin sagte ein alter Mann: „Man verpflanzt keine Palmen nach Schwäbisch Hall."

„And when the night is cloudy
there is still a light that shines on me,
shines until tomorrow – let it be.
I wake up by the sound of music –
Mother Mary comes to me –
speaking words of wisdom, let it be ..."

Die Weisheit der Beatles ist meine Hoffnung.
Gottlob.

„When the broken-hearted people
living in the world agree –
there will be an answer ...
let it be."